ÉDOUARD DRUMONT

# Vieux PORTRAITS Vieux CADRES

CENT-DIX DESSINS

PAR

GASTON COINDRE

Ernest FLAMMARION, Éditeur

# Vieux Portraits
# Vieux Cadres

*IL A ÉTÉ TIRÉ DE CET OUVRAGE :*

*Vingt exemplaires sur papier de Chine*
*numérotés de 1 à 20*
*et vingt exemplaires sur papier du Japon*
*numérotés de 21 à 40*

## OUVRAGES DU MÊME AUTEUR

**LES TRÉTEAUX DU SUCCÈS.** Illustrations de MÉTIVET.
— **Figures de bronze ou Statues de neige** . . . . . . . . 1 vol.
— **Les Héros et les Pitres** . . . . . . . . . . . . . . . . . 1 vol.

**DE L'OR, DE LA BOUE, DU SANG.** 100 dessins de G. COINDRE. 20e mille . . . . . . . . . . . . . . . . . . . . 1 vol.

**LA FRANCE JUIVE.** (145e édition) . . . . . . . . . . . . 2 vol.

**LA FRANCE JUIVE DEVANT L'OPINION.** 28e mille. . . 1 vol.

**MON VIEUX PARIS** (Couronné par l'Académie française). Illustrations de G. COINDRE. . . . . . . . . . . . . . . . . . 2 vol.

*(Chaque volume se vend séparément)*

49579. — Imprimerie LAHURE, 9, rue de Fleurus, à Paris.

ÉDOUARD DRUMONT

# Vieux Portraits
# Vieux Cadres

110 Dessins par GASTON COINDRE

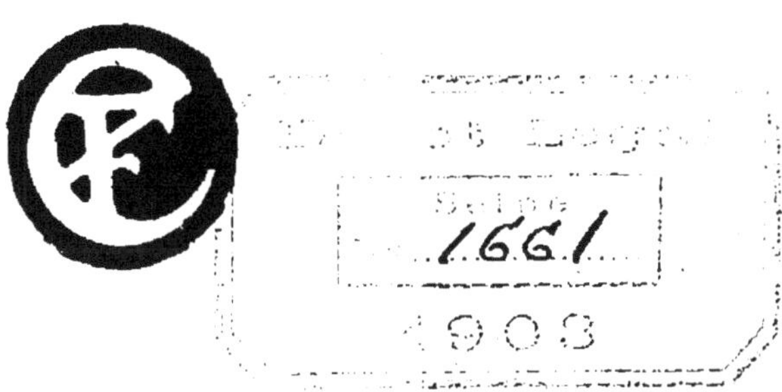

PARIS

ERNEST FLAMMARION, ÉDITEUR

RUE RACINE, 26, PRÈS L'ODÉON

*Ce volume sera-t-il le dernier que l'on écrira sur le* XVIII^e^ *siècle? Il serait puéril de le croire. Il semble, cependant, qu'il est temps de se hâter si l'on veut ajouter quelques traits à la peinture de ce temps et faire partie du dernier convoi d'excursionnistes vers ce siècle heureux qui se plaisait surtout aux voyages à Cythère.*

*Chaque siècle prolonge son ombre attristée ou glorieuse sur le siècle qui le suit. Les contemporains n'écrivent pas leur histoire à eux, l'his-*

*toire qu'ils font; ils écrivent surtout l'histoire de ceux qui les ont immédiatement précédés.*

*Voici que l'histoire de ce* XIX^e^ *siècle, qui vient à peine de disparaître, est déjà commencée de tous les côtés. Les Mémoires, les Souvenirs, les Récits personnels sur le second Empire s'envolent de tous les coins de l'horizon.... C'est dire que tout ce qui touche au* XVIII^e^ *siècle sera peu à peu relégué au second plan.*

*Le siècle de Voltaire, de Rousseau, de Diderot, de Louis XV, des Encyclopédistes et des Philosophes, des fêtes incomparables et des hécatombes sans exemple, prendra peu à peu je ne sais quoi d'archéologique.*

*Il aura le charme solitaire des parcs à l'abandon et des demeures désertes qu'a si merveilleusement décrits le poète exquis qu'est Madame Alphonse Daudet :*

Les buis amers du bosquet de la Reine,
Les sombres buis parmi des verts plus doux,
Et n'encadrant ni Terme ni Fontaine
Avec les ifs, les cyprès et les houx;

Mais s'élançant en arbres funéraires
Ou pour fournir des gerbes aux rameaux;
Buis attristés des bosquets solitaires
Et du silence où planent les corbeaux.

Comme un relent des larmes répandues
Et du regret de votre abri profond
Flotte en l'amer de vos sèves rendues
Au libre essor des parcs à l'abandon;

Dans l'air plus frais, soudain on la respire
Cette amertume, ô buis! qui l'exhalez,
Buis verts sans fleurs, verdure sans sourire
Au goût furtif des beaux temps écoulés.

*Il est donc nécessaire de se presser, si l'on veut encore évoquer ces figures devenues de plus en plus lointaines, dont les tons bientôt ne seront plus seulement pâlis et fanés, mais apparaîtront comme noircis par les années. Ce qui est ancien aujourd'hui sera tout à fait devenu vieux, vieux sans le sourire, vieux sans cet ultime reflet dont la vie à peine éteinte illumine encore ce qui vient de finir.*

*Il convient d'ajouter que si une Société s'était écroulée à la fin du* XVIII^e^ *siècle, en bien des points le décor était resté le même et que nous tenions encore par mille liens à ce monde évanoui. Aujourd'hui ce n'est pas uniquement le décor du* XVIII^e^ *siècle qui a disparu, c'est le théâtre plus moderne même sur lequel se sont agités, ont aimé, ont lutté, ont conspiré les acteurs du commencement de ce siècle et les personnages de Balzac.*

*L'âme a peut-être subi une transformation plus profonde encore. Le* XVIII^e^ *siècle, malgré ses travers et ses vices, eut cette qualité d'être Français avant tout, d'être suprêmement Français. Sans mêler les préoccupations du jour à ces promenades dans les milieux d'autrefois, il est bien certain que l'idée française a diminué. Nous sentons que Paris n'est plus Paris, mais* Cosmopolis, *nous avons bien la notion de n'être plus chez nous parmi tous ces Juifs, ces Métèques et ces Étrangers.*

*J'ai donc cru être agréable à nos lecteurs en fournissant à un passionné du Passé, à un amoureux fervent de Paris, notre ami Gaston Coindre, l'occasion de fixer ce qui subsiste de la vieille ville qui s'en va et de nous donner l'aspect dernier de ce qui ne sera bientôt plus qu'un souvenir.*

*Ce livre est un livre de délassement et de demi-teinte qui ne se rattache que de loin aux études sociales qui m'ont valu beaucoup d'attaques et beaucoup de louanges, beaucoup de haines et beaucoup d'affections aussi de la part des bons Français reconnaissants à l'écrivain des efforts qu'il avait faits pour éclairer son pays.*

*Ce livre n'en offre pas moins d'utiles sujets de méditation aux hommes qui aiment à penser.*

*C'est un spectacle propre à inspirer des réflexions que celui de tant de braves gens ayant vécu en dehors de toutes les agitations politiques et qui sont brusquement arrachés à une vie enchantée pour se retrouver sur une charrette en route pour l'échafaud.*

*Il me semble également que les lecteurs qui ont le cerveau conformé pour y loger des idées ne constateront pas sans intérêt la sympathie vraiment touchante, la bienveillance inépuisable que tous ceux qui représentaient au* XVIII^e^ *siècle ce que Le Play devait appeler plus tard les « Autorités sociales », éprouvent pour les démolisseurs de la Société.*

*Sans en excepter Malesherbes, dont la fin fut si belle, ils avaient tous d'inextinguibles tendresses pour ceux qui devaient leur couper le cou; ils ne détestaient que les convaincus, d'ordinaire fort pauvres, qui s'obstinaient à combattre pour l'ordre et à se dévouer pour la vérité....*

*C'est un sentiment qui s'est perpétué et que constateront à leur tour ceux qui, dans une centaine d'années, publieront d'autres* PORTRAITS ET VIEUX CADRES.

E. D.

# LE FONDATEUR de la PETITE POSTE

## Claude-Humbert Piarron de Chamousset

### I

DANS tous les livres où l'on s'est occupé de l'histoire de nos services de communication, vous verrez la poste fonctionnant à toutes les époques et dans tous les pays, sous une forme ou sous une autre. Voici les messagers de Perse et ces gardiens qui, postés de distance en distance, sur des tours de bois élevées, se crient de l'un à l'autre la nouvelle qu'il s'agit de faire passer, c'est-à-dire essayent, bien des siècles avant Chappe, l'idée du télégraphe ordinaire greffé sur le téléphone. Ailleurs ce sont les hirondelles qui portent sur leurs plumes peintes un message pressé. A Rome, sur ces voies magnifiques qui s'appellent la voie Appienne ou la voie Flaminienne fonctionnent parallèlement deux services, l'un réservé à l'État, l'autre aux particuliers.

A mesure que la société se constitue, au Moyen Age, nous voyons les postes essayer de s'organiser. L'Université établit en France le premier service de postes régulier, en faveur de ses étudiants étrangers, de ses *Quatre nations*. La science s'emploie la première à cette mission utilitaire. Ce n'est qu'en 1464 que Louis XI créa la « poste royale », l'institution définitive qui, après avoir lutté quelque temps contre les privilèges de l'Université, finit par rester en possession du monopole.

Rien n'est intéressant encore une fois comme ces vicissitudes. N'y a-t-il pas dans ce simple mot « la poste », dans cette faculté d'échanger des idées sans se voir, de converser à travers l'espace, un agrandissement de l'âme humaine et comme un sens supplémentaire que l'homme se serait donné ? N'est-ce point deux purs esprits que ceux qui se comprennent et se parlent à des milliers de lieues comme s'ils étaient l'un en face de l'autre. Il semble que le premier besoin d'une société civilisée soit d'user de ce merveilleux moyen de communication, et l'on s'étonne des progrès relativement lents qu'a faits l'organisation des postes. Ainsi ce n'est qu'en 1759 qu'est définitivement fondée à Paris la « petite poste » ou « poste de ville... »

Hirondelles messagères.

Le fondateur de la *petite poste*, Claude-Humbert Piarron de Chamousset, chevalier, maître ordinaire de la Chambre des Comptes de Paris, fut à coup sûr une des personnalités les plus singulières du XVIIIe siècle. Cette tête, comme le dit Voisenon, toujours en effervescence pour le bien public, conçut la plupart des idées que le XIXe siècle a réalisées. Les docks, les compagnies d'assurance contre l'incendie, les sociétés de secours mutuels en cas de maladie, la réglementation des voitures de place, tout cela se trouve dans les innombrables *Mémoires* qu'a laissés M. de Chamousset, et s'y trouve non point à l'état de suggestion vague, mais à l'état de projets parfaitement arrêtés.

Avant d'étudier la constitution de cette *petite poste*, que M. de Chamousset fit fonctionner lui-même et dont il régla les moindres détails, il nous faut nous reporter en arrière et rappeler l'existence d'une *petite poste* antérieure, fondée par M. de Velayer, maître des requestes....

« En 1653, écrit Pellisson, un maistre des requestes, nommé M. de Velayer, avait obtenu un privilège ou don du roi pour pouvoir seul établir des boëstes dans divers quartiers de Paris, et avait ensuite établi un bureau au Palais où l'on vendait pour un sou pièce certains billets imprimez d'une marque qui lui était particulière. Ces billets ne contenaient autre chose que *port payé le... jour du mois de... l'an* 1653 *ou* 1654.... Pour s'en servir, il fallait remplir le blanc de la date du jour ou du mois auxquels vous écriviez à votre amy et les faire jetter ensemble dans les boëstes. Il y avait des gens qui avoient l'ordre de les ouvrir trois fois par jour et de porter les billets où ils s'adressaient. Outre le billet de *port payé* que l'on mettait sur la lettre pour la faire partir, celuy qui escrivait avait soin, s'il voulait avoir réponse, d'envoïer un autre billet de *port payé* renfermé dans la lettre. »

On voit que le timbre-poste, qui nous est revenu d'Angleterre, était né en France bien avant qu'on ne songeât à rien d'analogue de l'autre côté de la Manche (1). M. de Velayer publia une instruction

(1) M. Feuillet de Conches possédait dans sa précieuse collection un des rares exemplaires qui existent de ces billets de *port payé*. Il était destiné à affranchir un billet que Pellisson, qui signait Pisandre, écrivait à Mlle Scudéry, Sapho de son nom de Précieuse.

pour initier les Parisiens à cette nouvelle méthode de correspondance. Un libraire bibliophile, M. Mahé, a tenu à reproduire le *fac simile* de cette pièce curieuse dont le titre complet est : *Instruction pour ceux qui voudront escrire d'un quartier de Paris en un autre et avoir responce promptement deux ou trois fois le jour, sans y envoyer personne, par le moyen de l'establissement que Sa Majesté a permis estre fait par ses lettres vérifiées au Parlement, pour la commodité du public et expédition des affaires.* Dans son *Instruction*, Velayer énumère les diverses catégories de Parisiens auxquels la *petite poste* rendra service.

« Ne se servira, dit-il, et n'escrira par cette voie qui ne voudra; mais ceux qui n'ont point de valet, ceux qui en ont de malades, ceux qui en ont besoin à la maison, ceux à qui on veut espargner de la peine, ceux qui en ont et qui ne savent pas les rues, ni les logis, ceux qui en ont de paresseux ou qui aiment à se promener et qui disent après qu'ils n'ont rien trouvé, ceux qui en ont et qui vont voir leurs parents et gens de pays au lieu de faire ce qui leur est commandé, trouveront une grande commodité et facilité par cette voye. Le marchand qui ne peut quitter sa boutique qu'il ne perde quelque occasion de vendre. L'artisan qui ne peut laisser son travail et à qui le temps est si cher. Ceux qui sont attachés au service de quelqu'un, comme sont tous les domestiques qui n'ont pas la liberté de sortir. Ceux qui sont incommodés de leur santé ou de leurs créanciers. Ceux qui sont enfermés dans des prisons, dans des religions et dans des collèges qui n'ont point de valets. Enfin les gens de peine et de plaisir, les diligens et les paresseux, les escoliers et les pères, les sains et les malades, les gens de cloître et du monde, les maistres et les valets, les riches et les pauvres : en un mot, presque tous les hommes et toutes les femmes auront besoin et se serviront très volontiers de cette commodité. » Rien n'est oublié dans cette instruction, dans ce prospectus véritable, qui se termine par l'avis suivant : « Les Commis commenceront à aller et à porter ces lettres le 8 aoust 1653 ; on a donné ce temps-là afin que chacun aye loisir d'acheter des billets. »

Le *Petit journal* du temps, les *Lettres en vers* de Loret, se chargèrent, elles aussi, d'annoncer aux Parisiens la nouvelle du jour.

Voici ce qu'on lit dans la lettre trentième du samedi 16 août 1653 :

On va bientôt mettre en pratique
Pour la commodité publique,
Un certain establissement,
Mais c'est pour Paris seulement,
Des boëttes nombreuses et drues,
Aux petites et grandes rues,

Où par soi-même ou son laquais,
On pourra porter des paquets;
Et dedans, à toute heure, mettre
Avis, billet, missive ou lettre
Que des gens commis pour cela
Feront chercher et prendre là,
Pour, d'une diligence habile,
Les porter par toute la ville
A des neveux, à des cousins,
Qui ne seront pas trop voisins,
A des gendres, à des beaux-pères,
A des nonnains, à des commères,
A Jean, Martin, Guilmain, Lucas,
A des clercs, à des avocats,
A des marchands, à des marchandes,
A des galants, à des galandes,
A des amis, à des agents,
Bref à toutes sortes de gens.
Ceux qui n'ont suivants ni suivantes
Ny de valets, ni de servantes
Seront ainsi fort soulagez
Ayant des amis loin logez.
Outre plus, je dis et j'annonce,
Qu'en cas qu'il faille avoir réponce
On l'aura par mesme moyen.
Et, si l'on veut savoir combien
Coûtera le port d'une lettre
Chose qu'il ne faut pas obmettre
Afin que nul n'y soit trompé,
Ce ne sera qu'un sou *tapé*.

Évidemment, il paraîtra bien invraisemblable aux Parisiens d'aujourd'hui, pour lesquels jeter une lettre à la poste d'un quartier pour un autre est un des actes les plus simples de la vie de chaque jour, il leur paraîtra bien invraisemblable qu'une idée comme celle de la *petite poste* ait échoué complètement dans ce Paris qui était déjà le Paris de Louis XIV. Sans doute une partie de l'activité était à Versailles. Chacun des mondes distincts qui composaient Paris vivait alors dans un quartier spécial; les valets, en grand nombre, rendaient la *petite poste* moins utile. Quoi qu'il en soit, cette entreprise disparut tout à coup et elle disparut si bien, que M. de Chamousset semble avoir complètement ignoré la tentative qui avait eu lieu cent ans avant lui...

Le fondateur de la *petite poste* crut simplement introduire en France un système qui fonctionnait à Londres.... Son premier mémoire a pour titre : *Mémoire sur la petite poste établie dans la ville de Londres, sur le modèle de laquelle on pourrait en établir de semblables dans les plus grandes villes de l'Europe.*

« Cette poste, écrit M. de Chamousset, s'appelle à Londres *penny post*, du mot anglais penny qui signifie un denier sterling, en sorte que c'est à proprement et littéralement parler la poste d'un denier sterling, c'est-à-dire d'environ deux sols tournois argent de France. »

« L'établissement de cette poste, ajoute-t-il, fut

fait par le sieur Dockwra, négociant de Londres, en 1680, sous le règne de Charles second, avant que le duc d'York son frère, depuis roi sous le nom de Jacques second, à qui on avait accordé le revenu des postes, parvînt à la couronne. On refusait à la poste générale toutes les lettres qui s'y portaient pour la ville de Londres en deçà de la première poste, en sorte qu'on était obligé de les faire porter par des messagers. Le sieur Dockwra qui fut l'inventeur de cette poste en fit l'établissement à ses frais et dépens, sans appui ni autorisation de la part du gouvernement. Cette négligence lui coûta cher dans la suite; il allégua en vain qu'il devait au moins, en qualité d'inventeur, jouir pendant quatorze ans des fruits de son invention conformément à une loi faite sous le règne de Jacques Ier. Lorsqu'il commençait à

Facteur Louis XV.

tirer un assez bon revenu de cet établissement qu'il n'avait pu faire sans de grands frais et des avances considérables, le duc d'York lui fit intenter un procès par les officiers de la poste générale, sous prétexte des lois qui défendent aux particuliers de préjudicier à la poste générale. Suivant l'avis des plus habiles avocats, les lois qui en Angleterre s'interprètent littéralement, n'auraient pas eu de prise contre Dockwra s'il avait eu au moins la précaution de donner à son établissement un autre nom que celui de poste, comme, par exemple, bureau des petits paquets. »

Pour ceux qui s'intéressent à l'histoire des idées, à leurs voyages, aux luttes qu'elles soutiennent, aux transformations qu'elles subissent, aux perfectionnements qu'elles reçoivent par les obstacles même, n'est-il point curieux d'avoir la preuve de l'oubli profond dans lequel l'entreprise de Velayer est tombée ? La petite poste de Velayer cependant est de 1653, celle de Dockwra est de 1680, et quand on connaît les rapports qui existaient entre la France et l'Angleterre, le va-et-vient de proscrits, de disgrâciés, d'hommes politiques qui fit de la cour de Charles II une cour toute française, on admet comme une hypothèse très plausible que l'essai de Velayer ait été connu de Dockwra qui se sera attribué tout l'honneur de cette conception.

Nous allons voir cette idée presque naïve tant elle est simple, avoir à lutter encore pour se faire accepter dans ce XVIIIe siècle où la littérature épistolaire a produit tant d'œuvres parfaites dans leur légèreté.

M. de Chamousset, dont nous comptons étudier à fond la sympathique et originale figure, avait d'ailleurs toutes les qualités qu'il fallait pour réussir. C'était un de ces hommes qui mettent au service d'idées qui semblent très hardies, parce qu'elles sont nouvelles, un sens pratique admirable, un véritable génie d'organisation, une attention scrupuleuse à indiquer en leur moindre rouage le fonctionnement de projets longuement médités.

Ce premier *Mémoire* fut présenté au roi, et le 5 mars 1758 furent données les *lettres patentes portant permission d'établir une petite poste dans la ville de Paris et jouissance des fruits d'icelle pour M. de Chamousset ou ayant cause pendant l'espace de trente années*. Voici le préambule de ces lettres : « Louis, par la grâce de Dieu roi de France et de Navarre, à tous ceux qui ces présentes verront, salut. Notre amé et féal le sieur Piarron de Chamousset, conseiller maître ordinaire en notre chambre des Comptes de Paris, nous ayant fait représenter qu'il serait utile au public d'établir dans l'intérieur de notre bonne ville de Paris et fauxbourgs d'icelle, une petite poste aux lettres pour faciliter le commerce des citoyens, et cet établissement étant fait de manière que l'on pourra écrire et avoir réponse en peu d'heures, il nous a paru propre à entretenir une communication habituelle et journalière entre tous les habitants de notre bonne ville de Paris, qui ayant sans cesse des affaires les uns avec les autres, ne peuvent souvent se les communiquer que par les moyens des lettres et de l'écriture. Les avantages que la société retire de l'établissement des postes pour les provinces nous font espérer que notre bonne ville de Paris trouvera la même utilité dans une poste particulière dont les bureaux seront distribués dans les différents quartiers d'une ville aussi peuplée et aussi étendue. »

Tout n'était pas fini cependant. On devine d'instinct que le fondateur de la *petite poste* a dû éprouver quelques difficultés pour l'enregistrement de ces *lettres patentes.* L'arme de M. de Chamousset, dans ce cas-là, c'était le *mémoire.* Trouvant, comme Napoléon devait le dire plus tard, que la répétition est la plus énergique des figures de rhétorique, il ne craignait point de reprendre un à un tous ses arguments dans les *mémoires* successifs qu'il publiait, parfois il en apportait d'autres, parfois il présentait les mêmes idées sous une nouvelle forme.

« Messieurs, dit-il, dans son mémoire aux membres du Parlement, l'exécution de la grâce qu'il a plu au roi de m'accorder, dépend de juges trop éclairés pour que je puisse craindre les objections que quelques particuliers répandent dans le public contre un établissement désiré de la plus grande partie de la société. »

Boîte murale et facteur en 1825.

Il explique ensuite son projet dans des termes à peu près identiques à ceux qu'il employa dans la « *Lettre de M*** à un de ses amis de province sur l'établissement de la poste intérieure de Paris.* »

Ces raisons parurent convaincantes au Parlement qui enregistra les lettres patentes le 7 juillet. Il ne s'agissait plus que de convaincre le public chez lequel, chose étrange! M. de Chamousset rencontrait beaucoup de mauvaises volontés : c'est à combattre ces mauvaises volontés que s'applique l'auteur dans la *Lettre de M*** à un ami de province.*

La principale objection que l'on opposait à la création de la *petite poste* était la crainte qu'elle ne favorisât la lettre anonyme, et ne jetât le trouble dans la société. Ce mot la *société* avait dans ce temps-là un sens restreint, une acceptation différente de celle qu'il a aujourd'hui. La société était un petit monde frivole, élégant, nerveux, reposant sur des bases conventionnelles, vivant pour la femme et par la femme. Un mot, un rien, une ligne suffisait à bouleverser profondément ces groupes où la vanité régnait en souveraine, à briser ces frêles intrigues que toutes ces mains charmantes avaient pour unique occupation de nouer et de dénouer. On s'effrayait à la pensée que les dépits, les rancunes, les jalousies trouveraient dans ces boîtes toujours ouvertes une tentation à jeter le désordre dans ces salons, dans ces boudoirs, dans ces bureaux d'esprit, à rompre ces doux commerces intellectuels qui tenaient parfois à un lien bien fragile et qui n'en duraient pas moins toute la vie. Notre siècle, plus âpre, plus franc, infiniment moins bien élevé, n'a point le souci de ces délicatesses un peu mièvres.

Cette objection, en tout cas, était grave, puisque c'est à celle-là que M. de Chamousset répond tout d'abord par une théorie très philosophique sur les lettres anonymes, que nous regrettons de ne pouvoir citer en entier. « Personne, dit-il, n'a d'idées justes sur les lettres anonymes. On croit, en général, qu'elles sont contraires à la société, parce qu'on n'y réfléchit pas. Semblables à ces objets qui effrayent les voyageurs pendant la nuit et qui cessent de leur inspirer de la terreur dès qu'un rayon de soleil vient dissiper les ténèbres et leur laisse voir l'objet tel qu'il est, de même les lettres anonymes cesseront de troubler la société dès le moment que les préjugés détruits par la lumière et la raison nous en laisseront juger sainement. »

La seconde objection prenait sa source dans une question de sentiment. Qui ne connaît ces pittoresques industriels qui vivent des miettes de Paris et qu'à la suite de Privat d'Anglemont les observateurs de la vie inférieure de la capitale se sont amusés tant de fois à décrire : ouvreurs de portières, ramasseurs de bouts de cigares. noircisseurs de verres d'éclipse ? Ce type existait déjà au XVIIIe siècle. Le *gagne-denier* jetait en temps d'orage des planches sur ces ruisseaux qui, grâce au système imparfait des égouts, formaient parfois de véritables rivières ; et selon que la femme était jeune ou vieille il disait : *Passez beauté* ou *beauté passez ;* il portait derrière les passants ces ombrelles ou ces parapluies qu'on louait alors en divers bureaux établis dans la ville, organisation qu'il a été question de reprendre il y a quelques années.

Il servait surtout à porter les billets et les lettres, et l'on se demandait ce que deviendraient ces malheureux auxquels la création de la *petite poste* allait enlever en quelque sorte le pain de la bouche.... M. de Chamousset était profondément bon, il ne se contentait point d'être philanthrope, en parole, il vivait ses idées, si l'on peut s'exprimer ainsi, et sa vie, nous le verrons plus loin, fut par quelques points la vie d'un saint égaré en ce XVIIIe siècle, qui parla tant de la vertu et la pratiqua si peu. Il était cependant inaccessible à un certain sentimentalisme vague. Dans le mémoire que nous citons, il énumère les inconvénients que présente pour les jeunes gens ce travail intermittent sur le pavé de Paris. « C'est au coin des rues, ajoute-t-il, que s'est formée la bande de Raffiat. M. d'Argenson,

Facteur en 1905.

premier restaurateur de la police, sentant les inconvénients d'une pareille licence, remit en honneur les ordonnances de nos rois et faisait faire des visites par ses officiers pour obliger les parents à garder leurs enfants chez eux. »

On voit que celui dont nous parlons avait réponse à tout, et c'est ce côté militant que nous avons voulu mettre en lumière dans cette étude. Sans doute il est intéressant de connaître les origines de la *petite poste*; mais ce qui à nos yeux est plus intéressant encore, c'est le spectacle de la résistance qu'a dû subir cette institution qui nous semble aussi nécessaire maintenant que le boire et le manger, le temps que cette innovation si simple a mis à se faire accepter d'un siècle éclairé et lettré, les facultés rares qu'il a fallu pour réussir à ce fondateur de la *petite poste*, à ce philanthrope original dont le nom aujourd'hui est à peine connu de quelques curieux.

## II

Nous avons vu M. de Chamousset réfuter toutes les objections, renverser tous les obstacles qui s'opposaient à l'établissement de la *petite poste*. Dans son *Plan d'administration* pour la poste de Paris, il organisa avec une science de détails qui touchait presque à la minutie la nouvelle institution qui allait fonctionner. Il fit précéder ce plan d'un *Tableau alphabétique des rues*, *carrefours*, *culs-de-sacs et fauxbourgs* de Paris, par tenants et aboutissants, avec le timbre des bureaux qui indiquait leur département.

Paris fut partagé en neuf quartiers, desservis chacun par un bureau de distribution. Le premier bureau, qui était en même temps le bureau d'entrepôt, était situé place de l'École, et timbré de la lettre A. Les huit autres bureaux étaient installés : cloître Culture-Sainte-Catherine, rue Saint-Martin près la rue aux Ours, rue Neuve-des-Petits-Champs, porte Saint-Honoré, rue des Quatre-Vents, près le Fossé Saint-Germain, à l'Estrapade et rue Galande. L'organisation adoptée par M. de Chamousset n'a été modifiée que longtemps après lui, et M. Zaccone, dans son livre *La Poste*, nous apprend que les bureaux étaient encore, il y a quelques années, désignés par les mêmes lettres.

Un système si bien combiné devait réussir. Le *Journal de Barbier* nous montre que la petite poste était en pleine prospérité au bout d'une année. « On a établi depuis un an dans Paris, écrit Barbier, une petite poste pour la correspondance des lettres. Auparavant, ceux qui n'avaient pas de domestiques se servaient de petits Savoyards qui étaient dans les rues, pour s'écrire les uns aux autres. On croyait d'abord que cela ne se soutiendrait pas, mais cet établissement est tellement perfectionné par M. de Chamousset, ci-devant maître des Comptes, qui en est l'inventeur et qui fait répandre des avis imprimés au public, que l'usage en est très connu et très commode, et cela pour les grands comme pour les petits. Il n'en coûte que deux sols pour faire tenir une lettre dans Paris et

Borne-postale en bronze (déclassée).

trois sols dans tous les villages autour de Paris où il n'y a pas de grande poste. Il n'en coûte rien à celui qui reçoit la lettre. On a des réponses le matin et l'après-dîner. Il y a plus de deux cents hommes employés pour recevoir les lettres et les porter. Pour deux sols on se dispense d'envoyer son domestique au bout de Paris et de s'en priver. Il y a un grand ordre pour l'exécution. » (*Journal de Barbier*, novembre 1781.)

On remarquera que Barbier, qui connaît très bien l'histoire de ce qui touche à l'administration de Paris, ignore complètement, lui aussi, la première tentative de Velayer.

Au moment où Barbier écrivait, M. de Chamousset venait d'être dépossédé de l'entreprise qu'il avait fondée. En racontant la façon dont Dockwra en Angleterre avait été en quelque sorte exproprié de son idée pour cause d'utilité publique, il avait raconté d'avance sa propre histoire. Le classique *sic vos non vobis* devait s'appliquer à lui comme à tant d'autres.

« Dès la première année, nous apprend son biographe, l'abbé Cotton des Houssayes, la petite poste avait rendu à M. de Chamousset 50 000 livres tous frais prélevés. Ses calculs justes, simples et mis au plus bas, lui faisaient espérer qu'elle lui rendrait le double et davantage lorsqu'elle aurait pris toute la faveur qu'elle méritait. Avec ce projet, il comptait exécuter de lui-même son projet favori, monter sa *Maison d'association*, exécuter même une partie de ses autres projets. Mais on couvait d'un œil avide ces profits si légitimes et on vint à bout de persuader au souverain qu'il pouvait se les réserver. Le roi prit donc cet établissement pour son compte, et à titre de récompense et d'indemnité il accorda à l'inventeur 20000 livres de rentes viagères sur ses produits, avec la liberté de disposer à sa mort de la moitié de cette rente en faveur de telles personnes qu'il jugerait à propos, pour être par elles également possédée à la vie. »

Nous avons étudié le seul des projets de M. de Chamousset qu'il ait vu réussir de son vivant; il nous faut étudier maintenant les innombrables idées qu'il a semées dans des centaines de *mémoires*, idées presque toujours justes et qui presque toutes ont fait leur chemin après lui. Mais avant de montrer l'homme à projets, il convient de nous arrêter quelque temps devant l'originale figure de l'homme de bien, de l'homme qui agit autant au moins qu'il écrivit.

Claude-Humbert Piarron de Chamousset était né à Paris en 1717. Il était fils de messire Piarron de Chamousset, conseiller au Parlement de Paris, et de dame Claude Berthelot de Belloy, dont le père était greffier en chef au même Parlement. Du côté de son père, il tenait aux Gondy et aux Damas; du côté de sa mère, aux Matignon. Il avait préféré une place de Maître à la Cour des Comptes à un siège de conseiller au Parlement, qui lui aurait laissé moins de liberté. Riche, d'une figure agréable, homme d'esprit, excellent musicien, le jeune magistrat n'avait nul effort à faire pour occuper une des premières places dans cette société spirituelle et frivole du XVIII<sup>e</sup> siècle. Aussi fut-on fort étonné quand on le vit s'asseoir parmi les élèves en médecine et en chirurgie.

Le Maître des Comptes, devenu médecin, sans cesser d'être magistrat, se levait dès l'aube, consacrait les premières heures du jour aux affaires et, pendant le reste de la matinée, donnait une consultation gratuite où accouraient d'innombrables malades. M. de Chamousset s'était adjoint de jeunes médecins, des élèves pharmaciens; il avait installé une apothicairerie chez lui et il distribuait les remèdes nécessaires. Sa clientèle s'augmentait chaque jour; mais, au contraire de ce qui arrive pour les docteurs ordinaires, chaque malade nouveau coûtait au lieu de rapporter.

N'est-il point curieux de rencontrer dans cette société d'alors, insouciante et légère, occupée de fêtes galantes, le type de ce philanthrope chrétien, observant rigoureusement ses devoirs religieux, mettant en avant toutes les idées d'amélioration sociale que le XIXe siècle transportera dans les faits? On a dépeint bien des fois les convives des joyeux soupers, les habitués des bureaux d'esprit, les invités de ce temple de Terpsichore où la Guimard donnait des bals féeriques. M. de Chamousset, quoique très mêlé à la société, représente un côté différent de ce siècle complexe.

Si la question des soins à fournir aux malades fut la préoccupation constante de sa vie, nous en trouvons aisément la raison. Il est impossible de s'occuper de l'ancien Paris sans apercevoir ce lieu maudit qu'on appelait l'Hôtel-Dieu, sans voir ces malheureux atteints de maladies différentes, couchant quelquefois douze, presque toujours six dans le même lit, les morts avec les vivants, les moribonds avec les convalescents, le désordre de cet enfer véritable où l'on répartissait en quelque sorte les remèdes au hasard. Ce spectacle devait frapper avant tout une âme de philanthrope. C'était la question vitale de l'époque, comme une autre question le serait peut-être de notre temps où les hôpitaux se sont si considérablement améliorés.

Tout jeune, M. de Chamousset était décidé à tenter quelque chose dans cet ordre d'idées. La question des hôpitaux l'avait frappé comme la question des jeunes détenus frappa M. Demetz. Au moment de se marier il eut un entretien très long avec la jeune fille qu'il devait épouser et lui annonça son intention de se retirer dans ses terres, d'y fonder un hôpital modèle et d'y soigner les malades à sa façon. Il lui demanda si elle consentirait à s'associer à cette existence de dévouement. La jeune fille fut assez loyale pour répondre : non ; et le mariage n'eut pas lieu. Cette franchise en tous cas est honorable des deux côtés.

Resté célibataire, M. de Chamousset s'occupa de créer cette *Maison d'association* qui fut le rêve de toute sa vie. Ce qui souffrait le plus de l'organisation des hôpitaux était non point l'homme du peuple, mais l'homme des classes intermédiaires, l'artisan, le bourgeois pauvre, le petit employé, les célibataires livrés à des mains mercenaires et mal soignés chez eux. C'est pour ceux-là que M. de Chamousset songea à créer sa *Maison d'association*.

Le titre du premier mémoire publié à ce sujet explique suffisamment quelle était la pensée du fondateur.

Ce mémoire est intitulé : *Plan d'une maison d'association dans laquelle, au moyen d'une somme très modique versée chaque mois, chaque associé s'assurera dans l'état de maladie toutes les sortes de secours que l'on peut désirer*.

L'*Assurance* qui, depuis, a pris en France tant de développement était, on le comprend, la base de l'institution nouvelle. « Si quand je me porte bien je paye par le prix modique de mon association pour celui qui souffre, écrivait M. de Chamousset, il en fait autant pour moi dans le même cas. C'est la loi générale de l'humanité mise en exécution d'une manière prudente et déterminée. C'est le lien de la société civile étendu à une circonstance encore plus nécessaire que toutes celles auxquelles on a pourvu jusqu'ici. »

Rien n'est curieux comme les *Mémoires* que M. de Chamousset a consacrés à cette *Maison d'association.* M. de Chamousset, nous l'avons dit, n'est point un rêveur, un utopiste éloquent, émettant d'une façon plus ou moins brillante une thèse paradoxale et hardie, c'est une intelligence pratique, un organisateur. « M. de Chamousset, a écrit très justement son biographe, est un artiste qui n'annonce une machine qu'après avoir étudié et vérifié l'action et le jeu de ses ressorts. »

C'est une merveille d'ordre que cette organisation de la *Maison d'association*. Destinée à recevoir des malades de toutes les conditions, la maison comprend des appartements, des chambres isolées et des salles à douze et à trente lits. Le prix du *billet d'association* était, sauf des différences très légères d'après l'âge, de vingt-cinq sous par mois pour une salle de trente lits, de trente sous pour une salle de douze lits, de quarante sous pour une chambre à trois lits, de trois francs pour une chambre à un lit et de cinq francs pour un appartement. De grands avantages étaient faits aux corps ou aux communautés qui s'associaient, aux patrons qui assuraient leurs ouvriers. On voit qu'il y a dans ce projet l'idée de la Maison municipale de santé et l'idée de ces sociétés de secours mutuels, qui sont au nombre de plus de 200 pour le département de la Seine et qui assurent aux membres associés des soins en cas de maladie.

Tout était prévu pour faire de cet établissement un établissement modèle. « On recevra, explique M. de Chamousset, un nombre fixe de jeunes médecins, logés et nourris pour une pension modique, qui s'empresseront sans doute de venir se former là et qui seront en même temps d'un grand secours par leur assiduité au chevet des malades, faisant rapport au médecin ordinaire de l'effet de ses ordonnances et d'une infinité d'observations propres à éclairer et à rendre le traitement plus certain. Deux des plus célèbres médecins de Paris viendront régulièrement tous les jours pour consulter avec ceux qui demeureront dans l'établissement. Pour prévenir les méprises et remettre toujours sous les yeux du médecin l'état des malades et les indications sur lesquelles il s'est déterminé, toutes les ordonnances seront écrites, ainsi que le régime, et placées à côté du lit du malade. Ce sera de plus un nouveau moyen d'étude et d'observation pour les jeunes médecins, sans compter que cette manière de publier les ordonnances ne pourra que rendre les médecins ordinaires encore plus attentifs à les méditer. »

Sans doute, aucune de ces dispositions ne paraîtra absolument nouvelle aujourd'hui. C'est une tendance de l'esprit humain de croire que ce qui n'existe pas n'existera jamais, et de croire aussi que ce qui existe a toujours existé. Au XVIII$^{e}$ siècle, ces innovations étaient très fécondes et très justes; même inappliquées elles constituaient pour l'avenir des suggestions heureuses qui devaient transformer la condition des malades si navrante dans l'ancien Hôtel-Dieu.

Dans ces mémoires bourrés de tableaux et de chiffres très clairement disposés, auxquels était joint jusqu'à un modèle d'engagement pour les associés, M. de Chamousset, toujours désireux de convaincre, analysait et indiquait à tous le mécanisme de cette *Maison d'association*, et révélait ainsi les travaux patients auxquels il se livrait avant de s'adresser au public. « L'exécution de ce plan, lisons-nous, est fondée sur deux expériences constantes et uniformes. La première, que sur cent personnes prises indifféremment, il n'y en a pas plus de douze malades dans le cours d'une année; la seconde, que toutes les maladies l'une dans l'autre ne sont jamais de plus d'un mois. La preuve de la première de ces propositions se tire du relevé exact des registres des administrations de sacrements qui se conservent dans quelques paroisses. La preuve de la seconde proposition est encore fondée sur l'expérience, et pour s'en convaincre il ne faut que jeter les yeux sur les calculs que l'on a faits des malades qui sont entrés à la Charité dans le temps que cette maison n'avait encore que cent soixante lits. »

Il a publié sur ce sujet de nombreux *Mémoires*, variant ses titres, présentant ses arguments sous une forme rajeunie, répondant aux propos tenus dans le public, donnant à ses plans de nouveaux développements : c'est ainsi qu'il songea à étendre son idée à la province et même aux royaumes étrangers. Il voulait que des compagnies unies ensemble par la fraternité pussent par ce moyen ouvrir à leurs différents associés voyageant les refuges de toutes les villes où leur santé recevrait quelque atteinte. Il n'aurait été nécessaire pour les associés que de présenter le billet d'association constatant la classe de malades dont ils faisaient partie. N'apercevez-vous point là, dans des conditions différentes, il est vrai, comme le germe de la Société internationale de secours aux blessés?

Ces points de vue si neufs soulevaient des contradictions que M. de Chamousset, du reste, ne détestait point. Il tenait compte de toutes les objections pour compléter son œuvre. « A mesure qu'on le critiquait », dit M. Cotton des Houssayes, « si la critique était juste, il réformait; si elle n'était que spécieuse, il répondait; si elle était fausse ou injuste, il méprisait. »

Il y a des chefs-d'œuvre de dialectique et de bon sens dans ces mémoires variés : *Mémoires sur l'établissement, qui assureront en maladies les secours les plus efficaces à ceux qui, en santé, payeront une petite somme par an ou par mois; Additions et éclaircissements au plan d'association; Vues d'un citoyen.*

Épris de la vérité avant tout, il reproduisit dans un de ses mémoires *la Lettre critique* qui avait paru contre son projet. Dans cette lettre, d'un ton assez spirituel, l'auteur anonyme déclarait l'idée de M. de Chamousset absolument incompatible avec le caractère français. « Vous avez la bonté, écrivait-il, de supposer un sens tranquille, de la prudence chez le Français; c'est rêver hors du sommeil, passez-moi le terme. Vous imaginez qu'ils sont ou peuvent devenir assez réfléchis pour prévoir en santé l'état de maladie, eux qui sont incapables, eux qui rougiraient d'avoir deux idées de suite. Vous leur faites certainement beaucoup d'honneur, mais rendez-leur un peu plus de justice. Je me trompe bien ou, d'après notre génie, on peut assurer que le projet de former un semblable établissement est aussi inexécutable que celui de réformer la tournure de nos esprits. »

Le développement qu'ont pris parmi nous tant d'établissements de prévoyance montre combien l'auteur de la *Lettre critique* se trompait sur le véritable génie de notre race. Les événements se chargèrent de monter à quel point celui que son contradicteur appelait un *songe creux* et un *rêveur* était un esprit net et pratique, à quel point il savait faire passer ses idées dans les faits.

En 1761, au moment où s'ouvrait la campagne, le duc de Choiseul nomma M. de Chamousset *intendant général des hôpitaux sédentaires des armées du roy*, et Louis XV annonça sa nomination au courageux philanthrope dans les termes les plus flatteurs. En quelques jours, ces hôpitaux où tous les abus semblaient s'être donné rendez-vous furent radicalement transformés. Les places de chirurgien furent mises au concours ; le corps des infirmiers réorganisé. Au lieu des plaintes qui retentissaient d'habitude dans ces tristes lieux, on n'entendit plus que les actions de grâces que rendaient les malades à celui qui avait rétabli partout l'hygiène, le bien-être, la discipline.

Le maréchal de Broglie voulut s'assurer par lui-même si la renommée n'exagérait pas ; il vint dans les hôpitaux de Cassel au moment où on ne l'attendait point; il fut lui-même étonné de l'ordre, de la propreté qui régnaient là, ainsi que du contentement général des malades, sur la manière dont ils étaient traités. Il se tourna vers la maréchale qui l'avait accompagné dans sa visite et lui dit, en présence des officiers généraux : « Si je suis malade, je me ferai transporter à l'hôpital de MM. les officiers. »

Les chiffres, dont M. de Chamousset ne dédaignait pas l'éloquence, durent lui procurer une satisfaction bien profonde. A l'Hôtel-Dieu, on perdait un quart des malades ; il n'en mourut que le vingt et unième pendant le cours de la campagne. M. de Chamousset, en tous cas, n'eut que cette satisfaction. Toutes les brigues, toutes les mauvaises volontés, toutes les routines se réunirent contre lui et il dut renoncer à cette place où il avait rendu tant de services.

## III

Avant d'achever l'étude de cette personnalité intéressante, d'examiner encore les *Mémoires* véritablement prophétiques qu'il a laissés, nous avons tenu à montrer qu'il y avait un homme d'action chez cet homme d'une imagination si ardente qui a touché à tout et qui a même découvert des pâtes d'orge et des tablettes ou *roobs* pour faire la bière à volonté. Homme à projets, M. de Chamousset a fondé la *petite poste*; médecin volontaire en quelque sorte, il a réorganisé admirablement les hôpitaux de l'armée; il a vécu en un mot au lieu de rêver et cette preuve tirée de la vie réelle suffit pour que l'on prête attention aux projets sans nombre qu'il a développés en tant de curieux opuscules.

La question des hôpitaux revint encore bien des fois sous la plume de M. de Chamousset. Dans la partie de ses œuvres à laquelle son biographe, l'abbé Cotton des Houssayes, a donné pour titre : *Projets de M. de Chamousset pour l'humanité souffrante, pauvre et malheureuse en général*, nous trouvons de nombreux *Mémoires* relatifs à ce sujet. Le *Règlement pour la réforme de l'Hôtel-Dieu*, les *Observations abrégées au sujet de l'Hôtel-Dieu*, le *Plan général pour l'administration des hôpitaux du royaume*, reproduisent sous des formes toujours nouvelles les idées que nous connaissons déjà. Ici, M. de Chamousset, après l'incendie de l'Hôtel-Dieu, met en avant le projet d'une compagnie qui se chargerait des malades moyennant une somme payée par l'État, c'est-à-dire 50 livres pour chaque malade guéri et rien pour ceux qui mourraient. On avait calculé que chaque malade revenait à 50 livres ; l'État eût donc bénéficié — si l'on ose s'exprimer ainsi — des morts pour lesquels il n'aurait rien eu à payer. Ailleurs, dans le mémoire sur les *hôpitaux militaires*, l'auteur nous montre que le corps des infirmiers militaires n'existait pas encore, puisqu'il propose de l'organiser en soumettant les hommes qui en feront partie aux mêmes engagements que les soldats.

Un autre problème attirait l'attention de l'infatigable philanthrope. En ce temps-là comme aujourd'hui, l'effrayante mortalité des jeunes enfants préoccupait les esprits réfléchis. On se rappelle les éloquentes apostrophes de Rousseau aux mères qui, se dérobant aux devoirs de la nature, ne nourrissaient pas elles-mêmes leurs enfants. Avec son intelligence pratique, M. de Chamousset, subissant le fait accompli, constatait que, dans l'extrême misère et l'extrême opulence, le résultat était le même. Confiés à des mercenaires qui parfois avaient trois ou quatre nourissons à la fois, les enfants dépérissaient rapidement. Le premier, il eut l'idée de nourrir les enfants avec le lait des animaux. Il demanda la permission de faire des essais et loua pour ses expériences la ferme de Grenelle, près de l'École militaire. Il obtint les résultats les plus satisfaisants, et l'opinion publique lui était favorable jusqu'au jour où, par un accident resté inexpliqué, trois enfants furent pris de colique et moururent en quelques heures.

M. de Chamousset a consacré de nombreux mémoires aux *enfants trouvés*, à la *mendicité*, aux *refuges de vieillards*, questions immenses et qui se tiennent entre elles. Très pitoyable et très ferme, il établissait une distinction rigoureuse entre le véritable pauvre qui est l'*invalide de l'Etat* et le mendiant *qui en est le fléau*. Il aurait voulu, en cas de maladie, améliorer la situation de ce pauvre qui, dit-il, n'est pauvre que pour lui et constitue une véritable richesse pour l'État; il cherchait en même temps à contraindre à produire ces consommateurs inutiles, les mendiants. Il eût dit volontiers, comme Blanc de Saint-Bonnet, un des illustres méconnus de notre temps : *Quiconque consomme et ne produit pas ne consomme pas, il consume.*

Une idée en amène une autre. M. de Chamousset

songea à employer ces mendiants à faire aller une machine qui, placée sur la rivière au-dessus de la ville, et par conséquent au-dessus de toutes les immondices que les égouts y portent, élèverait l'eau sur le terrain le plus haut de Paris, d'où cette eau pure et salubre pourrait être conduite par des tuyaux dans toutes les maisons. « Quelque considérable que paraisse cette dépense, ajoute-t-il, elle ne peut être aussi forte que le serait le produit de ce que coûtent aujourd'hui les porteurs d'eau dans chaque maison. Sur cet article, les maisons de bourgeois où il y a beaucoup de locataires dépensent autant que les grands hôtels. En supposant 50000 maisons dans Paris, 4 livres par mois pour le porteur d'eau, 2 louis par an et par conséquent 100000 louis pour les 50000 maisons, nous aurons donc 2400000 livres. »

Dans son mémoire *sur un établissement pour procurer de l'eau pure à Paris*, M. de Chamousset revient sur ce point qui avait alors pour la capitale un intérêt considérable. Au XVIII^e siècle, en effet, Paris traversait encore cette période que M. Maxime Du Camp a intitulé : *le temps de la soif*. Les fontaines étaient monumentales, mais comme cette fontaine de la rue de Grenelle que le public surnomma la *trompeuse*, elles ne donnaient guère qu'un mince filet d'eau.

On s'inquiétait déjà en ce moment du mouvement qui entraînait vers la ville tous les travailleurs des campagnes. Dans son mémoire *sur les ouvriers et les domestiques*, M. de Chamousset indique quelques moyens pour remédier à cette émigration qu'il déplore. Afin de prévenir les dangers les plus urgents il propose le *signalement* que chaque domestique sera obligé de représenter en rentrant chez un nouveau maître. Le *signalement* c'est le livret, le livret, qui, lui-même développé et agrandi par un publiciste célèbre de notre siècle, deviendra l'*inscription de vie*.

Dans cet ordre d'idées il nous faut signaler un travail excellent de M. de Chamousset : *Mémoire sur un établissement en faveur des servantes malades et hors de condition, les filles de boutique et les ouvrières.*

Le principe de cet établissement était très simple. Moyennant une faible rétribution, et à la condition que leur conduite fût irréprochable, les ouvrières et les domestiques momentanément sans place ou frappées par la maladie trouvaient un asile pour les recevoir en attendant une nouvelle place ou la guérison. Une loterie était tirée tous les ans au profit des associés. Un registre était ouvert où l'on inscrivait les offres et les demandes. Les maîtres n'avaient qu'à se présenter pour trouver dans ce bureau de placement d'un nouveau genre des domestiques offrant des garanties de moralité qu'un bureau de placement ordinaire ne peut donner. En cas de maladie d'une domestique appartenant à l'association, on envoyait une suppléante qui faisait le service à sa place. L'idée était juste, car cinq ou six cents jeunes filles se hâtèrent de souscrire; mais ce nombre d'adhésions n'était pas suffisant, et, ajoute M. de Chamousset, avec une nuance de mélancolie, « ce projet utile et humain ne fut pas plus heureux que les autres. »

Aujourd'hui, il existe à Paris des couvents spécialement consacrés à cette œuvre, qui empêche tant de pauvres filles de se perdre sur le pavé de Paris. On reçoit les servantes sans place et elles travaillent pour leur nourriture et leur logement jusqu'au jour où elles sont placées de nouveau.

Citons encore parmi les travaux de M. de Chamousset un mémoire sur l'*organisation de la caisse de Poissy*, un mémoire sur le *roulage* et un mémoire très curieux sur le *halage*, proposant de faire tirer les bateaux par les bœufs.

L'organisation des Monts-de-Piété fut également l'objet des méditations de ce philanthrope à l'imagination toujours éveillée. Dans un *Mémoire* sur un *Magasin général ou dépôt public*, il esquissait le plan d'un établissement qui n'eût pas prêté d'argent, mais simplement son nom et son crédit, c'est-à-dire qui eût donné du papier payable dans le temps convenu avec l'emprunteur et pour la somme dont l'établissement aurait cru pouvoir répondre. Cette somme, par conséquent, eût toujours été inférieure à la valeur de l'effet qui restait déposé dans les magasins jusqu'à ce que le montant du *billet de dépôt public* fût rentré, soit par la restitution volontaire de l'emprunteur, soit par une vente judiciaire. Cet établissement, qui prêtait sans intérêt avec la seule reprise de ses dépenses, était un moyen de ranimer le mouvement de certaines marchandises : bijoux, dentelles, étoffes, que des circonstances particulières immobilisaient entre les mains de leurs possesseurs.

Il ne nous reste plus à signaler que deux *Mémoires*, l'un relatif aux *voitures publiques*, l'autre aux *compagnies d'assurance contre l'incendie*. On se plaignait des voitures publiques, au XVIIIe siècle comme on s'en plaint aujourd'hui, mais avec plus de justice, car les abus étaient infiniment plus nombreux. M. de Chamousset indiqua le premier le meilleur système de contrôle et de garantie, le système qui, sauf de légères modifications, a subsisté, croyons-nous, jusqu'à l'heure actuelle. Ce mémoire, où l'on retrouve toutes les qualités de méthode et d'ordre de l'organisateur de la *petite poste* a pour titre : *Projet pour rendre à Paris les voitures de place plus utiles, plus sûres, plus agréables pour ceux qui s'en servent et en même temps plus avantageuses aux propriétaires.*

« Il est singulier, remarque l'auteur en commençant, que, dans une ville où il arrive plus d'étrangers que dans aucune autre, les voitures publiques soient plus mauvaises que partout ailleurs. On propose de remédier à cet abus

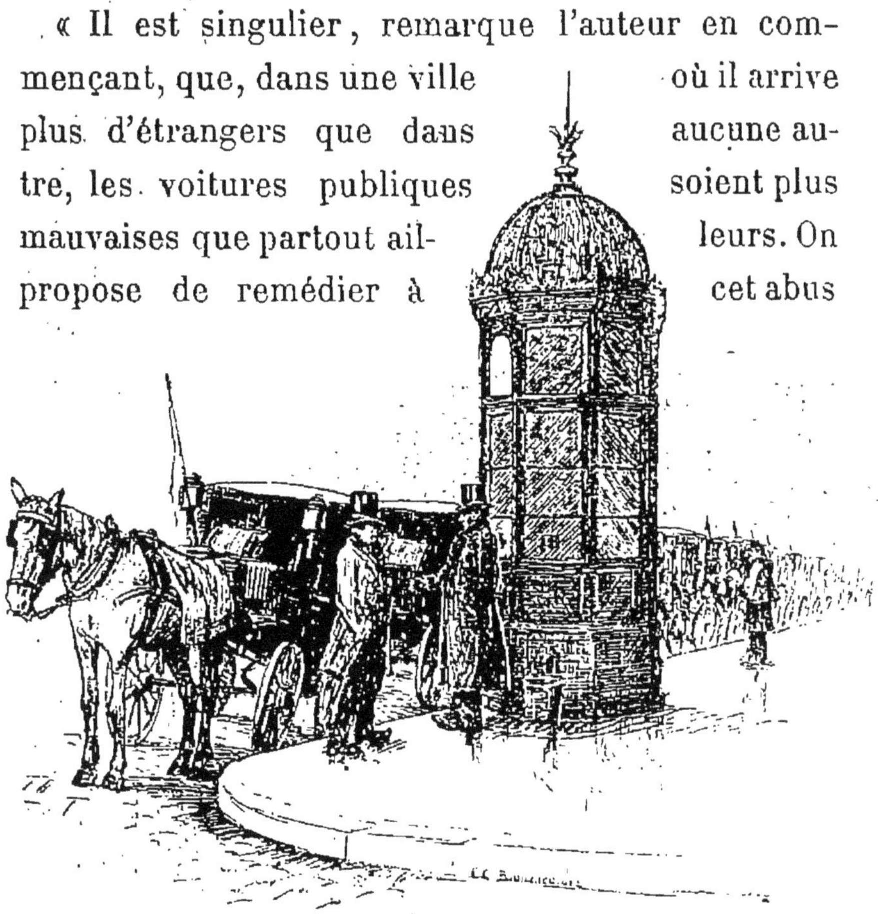

Kiosque de police pour les fiacres.

par un moyen qui sera également utile au public et aux propriétaires des voitures de place. Ce moyen est simple. Il ne s'agit que d'établir sur chaque place un commis et un aide pour veiller à la conduite des cochers. Ces commis auront soin que les cochers fassent boire et manger leurs chevaux aux heures convenables. Ils empêcheront les insolences et feront servir le public; ils rempliront les feuilles dont les cochers seront porteurs et qui, en conséquence, seront délivrées le dernier jour de chaque mois aux propriétaires de carrosses de place, en raison d'une par jour pour le mois suivant et pour chaque carrosse. Au haut de ces feuilles seront marqués le mois et le quantième, à la première ligne le numéro et la lettre, à la seconde ligne le nom du propriétaire et la demeure, à la troisième le nom du cocher et sa demeure, à la quatrième l'heure à laquelle le cocher est sorti de chez le maître, à la cinquième celle où il est arrivé sur la place. Le timbre que l'on trouvera au bout de cette ligne désignera la place à laquelle il est arrivé.... Aussitôt qu'un particulier prendra un carrosse sur la place, le cocher ira au bureau faire mettre le timbre d'où il part sur la ligne *parti*, vis-à-vis de l'heure à laquelle il part. »

Dans ses observations sur l'*établissement d'une compagnie d'assurance contre les incendies et sur le ramonage* (1), M. de Chamousset prévoit que l'ave-

(1) L'idée d'une Compagnie générale du *Ramonage parisien* fut mise en pratique. Par un arrêt du Conseil d'État du 2 février 1777, le roi avait permis au « sieur Joseph Villemin et ses ayants cause d'entretenir à leurs frais, dans la ville et faubourgs de Paris, le nombre de ramoneurs que bon lui semblerait, de les distribuer

nir est promis à ces compagnies d'assurance, mais il insiste à peine, tant il sent, on le dirait, que cette idée, destinée à prendre tant d'extension, est encore prématurée. Il demande énergiquement que tous soient obligés à faire ramoner leurs cheminées. « Je crois, écrit-il, qu'il ne doit pas être per-

dans différents dépôts et quartiers pour le service de ceux des habitants de ladite ville et faubourgs qui jugeraient à propos de les employer. » Le sieur Villemin s'engageait, par contre, à envoyer aux incendies les ramoneurs du dépôt le plus proche du lieu qui exigerait des secours, et ce, sans aucun salaire et rétribution.

Le bureau général était situé rue Saint-Honoré au-dessus de la rue des Poulies à droite, à l'ancien hôtel d'Aligre, où fut créé le premier restaurant de Paris. On trouvait à cet endroit, à toute heure de jour et de nuit, des ramoneurs de cette compagnie; ils étaient habillés uniformément et distingués par des numéros mis sur leur bonnet. Le nombre des bureaux auxiliaires, qui n'était d'abord que de sept, avait dû, au bout de quelques mois, être porté à vingt.

On sera peut-être curieux de savoir ce que coûtait, à cette époque, un ramonage de cheminée. Les prix avaient été fixés ainsi : 8 sols pour chaque cheminée du rez-de-chaussée et de l'entresol, 6 sols pour celles du premier étage, 5 sols pour celles du second et du troisième étage, 4 sols pour celles du quatrième et au-dessus.

La Compagnie se chargeait aussi de la réparation des cheminées, de la pose et du nettoiement des poêles et de la garantie de la fumée.

Parler des ramoneurs c'est évoquer la bienveillante et paternelle physionomie de celui qu'on nommait l'*Évêque des Savoyards*. Cet évêque portait un nom qui avait reçu toutes les illustrations, il s'appelait de Salignac-Fénelon, et l'âme généreuse, ardente pour le bien, compatissante à toutes les misères, du grand archevêque de Cambrai se retrouvait dans un de ses arrière-parents. L'abbé de Fénelon avait créé des forges près de son abbaye, renoncé à tous mis aux particuliers de ne faire ramoner leurs cheminées que quand ils le voudront. La maison de celui qui aurait été le plus exact à faire ramoner sa cheminée pourrait être brûlée par le feu qui viendrait à prendre dans la cheminée de son voisin. »

Signalons encore une idée très heureuse, très simple, très pratique. M. de Chamousset demande que les charrettes à eau soient toujours remplies le soir et remisées à un endroit où on puisse les trouver. Cette idée si élémentaire encore une fois, n'est passée dans les règlements qu'un siècle plus tard. Une ordonnance de police du 7 août 1860 assigne aux porteurs d'eau soixante-trois emplacements où chaque soir ils doivent conduire leurs tonneaux pleins, ce qui, en cas d'incendie, assure de l'eau immédiatement.

On voit que d'idées hardies, fécondes, ingénieu-

ses droits sur ses terres, ouvert des routes partout, en dernier lieu il avait pris la direction de l'œuvre fondée par l'abbé de Pontbriant en faveur des petits ramoneurs.

Ce célibataire par devoir avait ainsi d'innombrables enfants sur le pavé de Paris. Il les instruisait, les catéchisait et leur distribuait, selon leur conduite, des médailles qu'ils portaient à leur veste et qui étaient la meilleure recommandation pour le public. A cet état un peu précaire, il s'était efforcé, dans sa charité ingénieuse, d'en substituer un autre plus sérieux : il avait acheté à tous ces petits malheureux les outils nécessaires au métier de décrotteur, et leur avait permis ainsi de gagner leur vie en toute saison.

L'abbé de Salignac-Fénelon, on le sait, fut guillotiné le 7 juillet 1794, à l'âge de quatre-vingts ans.

ses, a remué dans sa vie relativement courte, puisqu'il mourut à cinquante-six ans, le 26 avril 1773, cet homme si merveilleusement doué, qui ne se reposait même pas dans le sommeil et qui, la nuit, se réveillait souvent, méditant quelque œuvre utile, combinant quelque nouveau projet. On a pu remarquer aussi à quel point ces idées étaient facilement applicables. La petite poste, les livrets, les sociétés de secours mutuels, les assurances contre l'incendie, toutes ces innovations qui semblaient chimériques alors, sont entrées depuis longtemps dans le domaine commun. C'est par ce côté que M. de Chamousset est incontestablement une figure originale, c'est par là qu'il se distingue d'écrivains, plus éloquents que lui peut-être, qui, à cette époque d'effervescence, rêvèrent de transformer la société.

Chrétien convaincu et pratiquant, M. de Chamousset, en effet, fut lié intimement avec ceux qu'on appelait les *philosophes* comme avec ceux qui combattaient les *philosophes*. Son caractère inspirait à tous, aux Français comme aux étrangers, un profond respect. Rousseau, pour ne citer qu'un nom, fut un des admirateurs et des amis de M. de Chamousset. Il lui témoigna même son estime d'une façon emphatique et solennelle qui est bien dans le caractère de l'homme et dans le ton de l'époque. Quand M. de Chamousset vint visiter l'auteur d'*Émile*, Rousseau était assis, il ne se leva point, il ne le salua point, il ne le reconduisit pas, et lui dit : « Je vous estime trop pour vous traiter comme les autres mortels. » Il refusa même de toucher au *Plan de réforme de l'Hôtel-Dieu*, que le philanthrope lui avait montré. — « Qu'est-il besoin, répondit-il, de correction dans un ouvrage qu'on ne peut lire sans frissonner d'horreur par les peintures énergiques qu'il présente? Qu'est-ce que l'art d'écrire si ce n'est l'art d'intéresser et de convaincre.»

Télégraphe aérien de Montmartre.

En réalité, Rousseau, malgré son merveilleux talent, n'eût pu que gâter cet ouvrage. Jamais deux organisations ne furent plus dissemblables. Le prodigieux rhéteur, avec son incomparable éloquence, avait la puissance de troubler les esprits, de surexciter les imaginations; il était manifestement hors d'état de mener à bien la plus légère des réformes.

Je n'aperçois de personnalité à peu près identi-

que à celle du *Fondateur de la petite poste* que celle d'un publiciste contemporain bien oublié aujourd'hui qui, lui aussi, a mis en circulation bien des idées, indiqué bien des améliorations, soutenu bien des thèses en apparence paradoxales ; j'ai nommé Émile de Girardin au nom duquel est attaché également le souvenir d'une réforme postale. Tous les deux, avec une très grande hardiesse dans la conception, ont la même horreur du vague, tous les deux présentent volontiers leurs idées sous la forme de statuts ou de décrets; ils aiment à voir leurs théories ayant pris corps en quelque sorte et déjà passées dans les faits; ils se regardent non point comme des écrivains développant un thème plus ou moins brillant, mais comme des organisateurs faisant fonctionner un système nouveau. Tous les deux, avec des allures d'utopistes, sont des intelligences essentiellement pratiques, comptant, supputant, prévoyant toutes les objections, essayant tous les rouages, établissant tous les devis avant de lancer une idée. Tous les deux, une fois un principe admis, ont non seulement le courage d'en accepter toutes les conséquences, mais encore possèdent une nature d'esprit qui les pousse à compléter et à améliorer sans cesse. Tous les deux supportent facilement et sollicitent même la contradiction qui leur montre des côtés défectueux qu'ils n'ont pas encore envisagés. Tous les deux excellent à reprendre leurs idées sous des formes différentes, ce qui leur permet d'en faire briller toutes les facettes. Si cette étude n'était pas déjà bien longue, il nous serait aisé d'indiquer bien des similitudes intéressantes, bien des points d'analogie saisissante entre le faiseur de *mémoires au public* du XVIII$^{e}$ siècle et le publiciste du XIX$^{e}$.

Bien qu'elle nous ait entraîné un peu loin, nous ne regrettons pas d'avoir entrepris cette étude. Trop oublié et trop dédaigné selon nous, Claude-Humbert Piarron de Chamousset est digne de figurer parmi tous ces hommes de bonne volonté, d'intelligence, de dévouement qui s'efforcèrent de transformer pacifiquement la vieille société française. Il a sa place dans ce beau groupe où apparaissent Fénelon, Vauban, Quesnay, Mirabeau *l'ami des hommes*, Turgot. Il eût mérité le nom qu'on donnait à l'abbé de Saint-Pierre, qu'on appelait *solliciteur pour le bien public*. Il compte parmi tous ces faiseurs de projets un peu enfiévrés déjà, un peu exagérés parfois, qui ne se lassèrent point, jusqu'en 1789, d'apporter des idées, des remèdes, des moyens de salut.

Jamais époque, effectivement, ne vit tant de nobles esprits en travail. Jamais, peut-être, faut-il ajouter, l'autorité ne se montra plus accueillante et plus ouverte à ces sauveurs de bonne volonté. Le jour où M. de Chamousset fut nommé inspecteur général des hôpitaux sédentaires de l'armée, Louis XV lui dit, en ce langage élevé que parlait si bien Louis XIV : « Monsieur, j'ai rarement signé nomination qui me fit plus plaisir, car je n'en ai jamais signé qui puisse faire autant de bien à mes troupes. » Quand le roi ennoblit Quesnay, il voulut composer lui-même ses armoiries : trois fleurs de pensée sur un champ d'argent à la face d'azur avec cette devise : « *Propter cogitationem mentis.* » Savez-vous armes plus parlantes pour un idéologue? Louis XVI, qui n'eut point les vices qui gâtaient chez Louis XV certaines qualités très réelles, était animé des intentions les meilleures.

Quelle force rendit stérile ce bon désir de tous et cette conviction générale qu'il y avait quelque chose à tenter? Une telle question ne rentre pas dans notre cadre. Nous avons voulu simplement tirer de l'ombre une individualité qui nous a paru sympathique;

mettre un peu en relief cet homme qui, en même temps qu'un tempérament très curieux, fut un philanthrope agissant, ce maître des Comptes devenu médecin, ce médecin devenu écrivain pour le bien public, comme on s'exprimait en ce temps-là. « Je vais écrire l'histoire de la bienfaisance éclairée et perfectionnée par la religion », ainsi commence, dans un début qui veut être pompeux, le biographe de M. de Chamousset, l'abbé Cotton des Houssayes. Les deux premières lignes de son livre seront, si vous le voulez bien, les deux dernières lignes de cette étude. Quand on ouvre le volume, on trouve la phrase légèrement prétentieuse ; quand on le ferme, on la trouve juste.

---

Ajoutons à cette notice que Piarron de Chamousset a eu ou, du moins, a failli avoir à notre époque, un regain de notoriété.

En 1898, c'est-à-dire au siècle dernier, M. Martin-Ginouvier, agissant au nom des Mutualistes, retrouva les restes de Chamousset dans l'église Saint-Nicolas du Chardonnet. Il proposa alors d'ouvrir une souscription pour élever en 1900, au moment de l'Exposition, un monument à celui qui, à beaucoup de points de vue, était pour les Mutualistes un ancêtre. L'idée, je crois, n'eut pas de suites et le projet tomba dans l'eau.

LE

# PREMIER JOURNAL QUOTIDIEN

---

## I

### La naissance du journal.

Le 1er janvier 1777, un événement formidable s'accomplissait rue du Four-Saint-Honoré, la troisième porte cochère au-dessus de la rue des Deux-Écus, en face de l'hôtel de Soissons....

Quelques gazetiers, quelques curieux, quelques nouvellistes, pressés d'aller commenter au café Procope l'actualité de la journée, tenaient en leurs mains, humide encore, un carré de papier de quatre feuilles. Se doutaient-ils que cette puissance qui naissait devant eux lutterait, toujours victorieuse, avec les pouvoirs constitués? Pressentaient-ils que cette force uniquement intellectuelle et morale aurait raison de tous ceux qui détiennent l'autorité effective et la force réelle, qu'elle renverserait des dynasties, qu'elle soulèverait des peuples? Devinaient-ils, en un mot, que ce qu'ils venaient de voir sortir de cette presse, c'était cet élément nouveau, inconnu aux sociétés anciennes, et que les Anglais appellent *fourth Estate*, le *quatrième État?*

Assurément, quoiqu'on eût beaucoup devisé déjà dans Paris du journal qui entrait dans la vie avec l'année commençante, nul parmi ceux qui étaient là ne comprenait dans toute son étendue l'importance de ce simple fait : *Le premier journal quotidien vient de paraître à Paris.*

Ce simple fait était énorme. Le journal quotidien ne représentait point l'agrandissement d'un recueil déjà existant, une extension dans la périodicité de quelque publication en vogue; il représentait une création originale et qui ne pouvait vivre que dans des conditions absolument nouvelles.

Richelieu avait pénétré, comme Bismarck l'a pénétré après lui, les avantages qu'était susceptible de rendre une feuille qui, sous sa main, était un instrument de règne et qui apprenait à l'Europe ce qu'il avait intérêt à lui faire connaître. Il avait protégé la *Gazette de France* et Renaudot. Loret et la *Gazette rimée* avaient prospéré, grâce à M^me de Longueville. Le *Mercure*, au temps où les petits vers, les indiscrétions et les historiettes étaient devenus une affaire d'État, s'était placé sous la dépendance de la Cour, qui accordait aux gens de lettres des pensions sur le *Mercure* comme on accorde un bureau de tabac.

Rue du Four-Saint-Honoré.

Le Journal quotidien ne pouvait avoir qu'un maître, et ce maître était le public. Ce que la nécessité de plaire à ce public, la force irrésistible et latente des choses ont fait de ce journal, voilà, selon nous, le côté le plus intéressant à mettre en lumière tout d'abord....

NUMÉRO I.


# JOURNAL DE PARIS,

*Du Mercredi* 1er JANVIER 1777, *de la Lune le* 22.


| *Soleil.* | | | | | | | *Lune.* | | | |
|---|---|---|---|---|---|---|---|---|---|---|
| Lever. | | Coucher. | | Décl. Australe. | | | Lever. | | Coucher. | |
| heures. | minutes. | heures. | minutes. | degr. | min. | sec. | minuit. | minutes. | heures. | minutes. du [illegible] |
| 7 | 52 | 4 | 8 | 22. | 57. | 47. | 0 | 0 | 11 | 46 |

| Hauteur de la Riviere * | Temps moyen à midi **. | | | Reverberes. |
|---|---|---|---|---|
| | heures. | minutes. | secondes. | |
| 5 pieds, 10 pouces. Elle étoit le 30 à 6 pieds. | midi. | 4 | 21 | allumés à 4 h. 45 min. du soir, éteints à 1 heure du matin. |

*OBSERVATIONS MÉTÉOROLOGIQUES, d'hier.*

| ÉPOQUES du jour. | Thermomêtre. | Baromètre. | | Vent. | ÉTAT du ciel. |
|---|---|---|---|---|---|
| | degrés. | pouces. | lignes. | | |
| Le matin | 1 au-dessous de 0 | 27 | 9 | N. O. | Nebuleux. |
| A midi | 3 | 27 | 10 ½ | N. N. O. | Clair |
| Le soir | 4 | 28 | 0 | N. | Clair. |

Eaux de pluie tombées à l'Observatoire dans le courant du mois de Décembre, 1 pouc. 1 l. 2 diziemes; sçavoir, 2 lig. 4 diziemes de moins qu'en Novembre. Le 30 il est tombé 4 pouc. de neige.

* Cette hauteur est prise de la veille à l'Echelle du Pont de la Tournelle, au-dessus des plus basses eaux de l'année 1719.

** C'est ce que marque au moment de midi une pendule bien réglée & dont le mouvement est uniforme.

---

## BELLES-LETTRES

L'ALMANACH DES MUSES, ou *Choix de Poésies Fugitives de l'année 1776, a paru hier au soir, à Paris, chez* Delalain, *Libraire, rue de la Comédie Françaiſe, petit in-12. de 294 pages, prix* 1 *liv.* 10 *ſous.*

Le ſuccès diſtingué qu'a eu ce Recueil pendant douze années conſécutives, prouve que le diſcernement & le goût ont toujours préſidé à ſa rédaction. Si les Pieces qu'on y inſere n'ont pas toutes le même mérite, au moins eſt-on sûr de n'y jamais rencontrer de ces fades & plattes *rimailles* qui tant de fois ont ſervi de prétexte pour calomnier la Poëſie.

Le premier nom que l'on cherche d'abord, dans la Table de l'Almanach des Muſes, c'eſt toujours celui de M. de Voltaire. Son Article eſt compoſé, cette année, d'environ une douzaine de Pieces. On admire dans toutes ce charme piquant, ces tournures heureuſes qui le caractériſent & lui aſſurent le ſceptre des Poéſies légeres. La principale eſt *Séſoſtris*, Allégorie ingénieuſe, dont tout Français perce aiſément le voile, & qui ne pouvoit être mieux placée qu'à la tête de ce Recueil.

Après M. de Voltaire, M. Dorat eſt un des Auteurs qui l'enrichiſſent le plus. On verra avec plaisir treize ou quatorze petites Pieces de ce Poëte aimable, qui ſont preſque toutes de différens tons. Celle qui a pour titre, *Regrets de l'Amitié*, eſt un tribut payé aux mânes de M. Colardeau. On croit, en la liſant, que l'amitié a emprunté les pinceaux doux & ſuaves de ce Poëte mélodieux, pour célebrer ſa mémoire. Deux *Epitres*, l'une adreſſée *à Délie*, & l'autre intitulée, *l'Amitié en défaut*, doivent être comptées parmi les badinages les plus agréables échappés à la plume de M. Dorat.

Quatre Femmes déjà célebres par la délicateſſe & les grâces de leur eſprit, Mde. la Marquiſe d'Antremont, à préſent Mde. de Bourdic, Mde. la Comteſſe de Beauharnois, Mde. Verdier, Mde. la Comteſſe de Buſſy paroiſſent toutes avec avantage dans cette lice poétique. Nous invitons les amateurs d'Homere à lire les *Adieux d'Hector & d'Andromaque*, Piece de Mde. la Comteſſe de Buſſy, qui a concouru cette année pour le Prix de Poëſie de l'Académie Françaiſe :

ils verront un ſtyle ſoutenu, & un grand nombre de très beaux vers. . . . . . . . . . . . . . . . . . . . . .

On diſtingue auſſi cinq ou ſix des meilleures Pieces fugitives de feu M. Piron, des vers de M. Imbert; entr'autres une Epitre pleine de ſenſibilité & de philoſophie. *Le Ruiſſeau de la Malmaiſon* par M. l'abbé Delisle, où l'on retrouve la maniere de cet excellent Poëte; de très jolis morceaux de MM. de B***, le Chevalier de B., Berquin, Bertin, de Cubieres, G*** de M***, Grouvelle, le Mierre, l'Abbé le Monnier, le Marquis de Pezai, Sélis, & c. mériteroient chacun une annonce particulière; mais les bornes de cette Feuille nous réduiſent à une ſimple Indication. Nous ne pouvons cependant nous refuſer à ranger encore, parmi les Poëſies qui nous ont fait le plus de plaiſir, une *Imitation de Strada* de M. Bérenger, une ***Epitre*** de M. Maiſonneuve, & ce qui plaira peut-être à un plus grand nombre de Lecteurs, deux Contes fort plaiſans, l'un qui a pour titre : *La Superſtition*, ou le *St. Antoine Portugais*, par M. de Fumais; l'autre, *la Conſultation épineuſe*, par M. François de Neufchâteau.

Nos citations ne pouvant être que très-courtes, nous nous bornerons à rapporter la Piece ſuivante, c'eſt un Couplet charmant de M. le Chevalier de B***

Faiſons l'amour, faiſons la guerre :
Ces deux métiers ſont pleins d'attraits :
La guerre au monde est un peu chere :
L'amour en rembourſe les frais.
Que l'ennemi, que la Bergere
Soient tour à tour ſerrés de près :
Quand on a dépeuplé la terre,
Il faut la repeupler après.

Ce volume eſt terminé par une Notice curieuſe de toutes les Pieces qui ont paru pendant l'année.

On trouve chez le même Libraire des Collections complettes de l'Almanach des Muſes, formant en tout 13 vol. qui ſe vendent 16 liv. 16 ſous.

EXTRAIT *d'une Lettre de M.* de Voltaire, *datée de Ferney le 22 Décembre 1776, aux Auteurs de ce Journal.*

Le Plan de votre Journal, M., me paroît auſſi ſage que curieux & intéreſſant. Mon grand âge, & les maladies dont je suis accablé ne me laiſſent pas l'eſpérance de pouvoir produire quelque Ouvrage qui mérite d'être annoncé par vous.

Si j'avois une priere à vous faire, ce ſeroit de détromper le Public ſur tous les petits Ecrits qu'on m'impute continuellement. Il eſt parvenu dans ma retraite des volumes entiers, imprimés ſous mon nom, dans leſquels il n'y a pas une ligne que je vouluſſe avoir compoſée. Je vous ſupplierais auſſi, M., de vouloir bien, par un mot d'Avertiſſement, me délivrer de la foule de Lettres anonymes qu'on m'adreſſe. Je ſuis obligé de renvoyer toutes les Lettres dont les cachets me ſont inconnus. Cet Avertiſſement inſéré dans votre Journal, m'excuſerait auprès des perſonnes qui ſe plaignent que je ne leur aie pas répondu; je vous aurois beaucoup d'obligation.

Je ne doute pas que votre Journal n'ait beaucoup de ſuccès. Je me compte déjà au nombre de vos Souſcripteurs. . . . . . . . . . . . . . . . . . .
. . . . . . . . . . . . . . . . . . . . . . . . .

*Le premier volume du Journal d'Education de cette année* (1777) *par M.* Le Roux, *Maître de Penſion, au Collège Royal de Boncourt, parut hier, chez* Couturier, *Libraire, Quai des Auguſtins.* La Souſcription eſt de 12 liv. pour Paris, & de 15 liv. pour la Province.

### ADMINISTRATION.

DÉCLARATION DU ROI, *portant établiſſement d'un Syndic & d'un Adjoint dans chacune des Profeſſions déclarées libres.* Donnée à Verſailles le 19 Décembre 1776, Regiſtrée en Parlement le 30 Décembre 1776.

DÉCLARATION DU ROI *portant Réglement en faveur des Ouvriers & Artiſans du Fauxbourg S. Antoine de Paris*, donnée à Verſailles le 19 Décembre 1776, regiſtrée en Parlement le 30 Décembre 1776.

LETTRES-PATENTES DU ROI, *concernant l'Ecole Royale gratuite de Deſſein.* Données à Verſailles le 19 Décembre 1776, regiſtrées en Parlement le 30 Décembre 1776.

### TRIBUNAUX.

Demain Jeudi M. l'Avocat Général Séguier, doit porter la parole à l'Audience de la Grand'Chambre, dans la Cauſe, entre les Héritiers & le Légataire univerſel de M. le Marquis de Gouverney. Il s'agit de ſtatuer ſur l'appel d'une Sentence des Requêtes du Palais, qui ordonne l'exécution d'un Teſtament argué de nullité, parce qu'il a été trouvé dans des Papiers de rebut.

### MUTATIONS.

Le ſervice de l'Extraordinaire des Guerres ſera fait cette année par M. de Boulongue de Magnanville, dont la demeure & les Bureaux ſont rue d'Anjou, Fauxbourg S. Honoré.

### ÉVÉNEMENS.

M. de Beaumont, Inſpecteur de Police, ayant été informé qu'un nommé Lefévre, garçon ſerrurier, auteur d'un grand nombre de vols, étoit à Paris, ſe tranſporta la nuit de Dimanche à Lundi dernier, à l'Hôtel d'Angleterre, rue Saint-Honoré, accompagné de quelques hommes. Il trouva, dans une chambre de cet Hôtel, Lefévre avec deux de ſes Complices. Lefévre tira auſſitôt de ſa poche un piſtolet, qu'il appuya ſur la poitrine de l'Inſpecteur : l'amorce prit feu; mais le coup ne partit point. Alors l'un des deux Complices préſenta un ſecond piſtolet, dont le coup ne put encore partir. L'Inſpecteur, animé par l'amour de ſon devoir & par la contenance du coupable, le ſaiſit rudement au col & l'étendit la face contre terre. Lefévre, ainſi terraſſé & ſe voyant ſans eſpoir, s'arma de deux couteaux, & ſe trouvant par ſon attitude dans l'impoſſibilité de frapper l'Inſpecteur, ſe porta à lui-même deux coups, dont l'un lui perça le cœur. Il mourut ſur le champ; & ſes deux Complices furent arrêtés. Les deux piſtolets étoient chargés de trois balles chacun.

Lefévre avoit déjà été pendu en effigie. Il étoit auteur du vol commis le 2 du mois dernier chez le ſieur Lefévre, Marchand Bijoutier, rue Dauphine, & d'un autre vol commis dans le même-tems chez un Bijoutier de la rue St. Louis près le Palais. Ces deux vols étoient de dix à douze mille livres chacun.

Hier ſur les onze heures du matin, un Train de bois, conduit par trois hommes, ſe rompit ſur le bras de la Rivière qui coule entre les Quais des Auguſtins & des Orfévres. Les trois hommes furent repêchés auſſi-tôt par les Mariniers du Port. Cet accident n'a eu aucune ſuite fâcheuſe.

## II

## Comment et pourquoi le journal quotidien a réussi.

« Un journal tous les matins ! murmuraient en se frottant les mains les amateurs de scandales, nous allons en entendre de jolies, et, si le marteau de M. le lieutenant de police n'est point cassé au bout de huit jours par les plaignants et les plaignantes qui se précipiteront chez lui pour gémir dans son sein, c'est qu'en vérité ce marteau sera solide. »

Et déjà l'on voyait s'agiter tous les censeurs mandés par tous les ministres à la fois, on entendait pleurer entre les bras de tous les Parlementaires toutes les Vertus d'Opéra calomniées. On apercevait le *Journal de Paris* prenant le chemin de cet immense appartement de M. de Boynes, qu'a peint Janin dans la *Fin d'un monde*, appartement dont les vastes pièces sont remplies de *papiers imprimés, livres et journaux, histoires, pamphlets, mercures, poèmes, tragédies, sans compter une grammaire prohibée et un dictionnaire interdit.*

Le nouveau journal sembla une minute se diriger dans cette voie. Comme un vaisseau qu'on lance à la mer, il chercha le vent, et Zéphir, qui était le vent de cette époque, parut l'emporter du côté des ruelles, des boudoirs et des petites maisons. Les ennemis, en cette circonstance encore, furent plus utiles que les amis. On cria, on protesta, on prétendit que la société était sapée sur sa base. Quelqu'un s'était-il reconnu dans cette charmante épigramme?

Jean, l'an passé, fit sa femme d'Hortense,
Chez lui, depuis on roule sur l'argent.
 Et chacun dit qu'en la prenant
Il a trouvé la corne d'abondance.

Le mal ne venait-il pas plutôt de ce chevalier de la Rouerie, épris de M^lle^ Beaumenil, de l'Opéra, jusqu'à en perdre la tête, voulant à toute force l'épouser, et, de désespoir du refus de ses parents, courant s'enfermer à la Trappe, pour en sortir tout à coup, afin de se plaindre que les plumitifs aient parlé de lui?

Nous examinerons plus loin les difficultés des débuts; ce qui nous est plus précieux à constater, c'est la ligne de conduite adoptée tout à coup par le journal. Les éditeurs comprirent, comme par une illumination soudaine, que la nouvelle à la main, l'écho de Paris, le cancan, excellents pour une correspondance secrète, étaient insuffisants pour un journal quotidien. Ils dépassèrent d'un bond ce petit cercle de salons, de bureaux d'esprit, de coteries rivales, et, désespérant de plaire à chacun, s'efforcèrent de contenter tout le monde, de faire, encore une fois, un journal non pour tel ou tel milieu, mais pour le public. Ils se préoccupèrent avant tout de l'*Information*.

En parcourant les premiers mois du journal, nous voyons apparaître successivement toutes les rubriques auxquelles maintenant le lecteur est si parfaitement habitué qu'il y va chercher immédiatement l'indication qu'il désire; nous voyons se constituer par agrégations très logiques cet ensemble qui représente tant de renseignements, puisés aux sources les plus différentes, qui offre en quelque façon au lecteur, dès son réveil, un rapport complet sur les affaires de la France et de l'univers.

Si cette étude vous convient, suivons donc, en son développement rapide, le premier journal quotidien : nous avons regardé l'enfant sortir de la presse, nous l'avons contemplé dans son berceau, regardons-le maintenant essayer ses premiers pas.

Les comptes rendus de livres et les nouvelles

de théâtre avaient été, il est facile de s'en convaincre, dès le début, la première attraction offerte aux souscripteurs. Ceux qu'on a appelés spirituellement des *serpents à sonates* existaient déjà en ce temps-là ; musique de chambre, musique d'amateurs, concerts spirituels, envoient leur programme au journal, qui les insère. Vous trouverez également une physionomie du *Palais marchand*, les Galeries du Palais, où se tenait alors ce que nous appelons la foire aux bibelots. Enfin, voici l'énumération des plaisirs que la foire Saint-Germain promet à ses visiteurs :

Le sieur Palatin fait ses exercices de magie blanche et différents tours, ainsi que la jeune Persanne.

—

Un cerf très instruit exécute tout ce que son maître lui commande.

—

Un géant, nommé Roobe, de Westphalie, âgé de vingt-huit ans quatre mois, grand de huit pieds un pouce, taille d'Hollande et très bien fait.

—

Le concert des verres de cristal, du sieur Le Bère, sur lesquels on peut exécuter toute sorte de musique et imiter tous les instruments.

—

Première ménagerie royale d'animaux vivants rares et singuliers.

Le sieur Pardevant montre une seconde ménagerie d'animaux vivants très singuliers.

—

Le fameux Cataquois, suivi d'une nombreuse collection d'oiseaux, tous vivants, faisant différents tours.

—

La troupe des danseurs, sauteurs et voltigeurs de corde, avec les pantomimes du sieur Nicolet cadet.

Le *Fait-divers*, nous l'avons constaté, est né avec le premier numéro : il est enregistré sous le titre : *Événement* ou *Police*. Suicide, accident, meurtre, vol ; ils ressemblent au *fait-divers* d'aujourd'hui. Ne paraissent-ils pas d'hier, les malheurs suivants :

Un jardinier des environs de Vincennes, venu à Paris le matin du 1er janvier, a pris le soir un fiacre pour s'en retourner. En chemin, il a, à plusieurs reprises, témoigné au cocher le plus pressant désir d'arriver. A la barrière du Trône, ce dernier a ouvert la portière et a trouvé son homme mort, et l'a conduit en l'hôtel de M. le commissaire Crépy, où la femme du défunt est venue le reconnaître.

—

La quantité de voitures occasionnée par les visites du 1er de l'an, les neiges, les gelées rendant ces jours derniers les grandes rues plus embarrassés, il s'était introduit un nouveau genre de filouterie assez plaisant. Sous prétexte de détourner les gens d'une voiture, on les prenait à bras-le-corps avec un : *Ah !*

*monsieur*, fort obligeant, et on saisissait cet instant pour voler les mouchoirs; bien entendu qu'on faisait encore des remerciements au filou.

De notre temps, on ne se contenterait pas du mouchoir, on prendrait encore la montre et le porte-monnaie, mais tous les perfectionnements ne peuvent être réalisés en un jour.

A côté du *Fait-divers* banal, voici maintenant le renseignement utile :

« Vous avez des avis à porter à la connaissance du public, a dû dire au lieutenant de police quelque représentant du journal; adressez-les nous, nous les publierons. » Ce qui fut fait et nous découvrons l'origine de l'abonnement au balayage.

La propreté des rues contribuant essentiellement à la salubrité de l'air et à la commodité du public, M. le lieutenant général de police donne dans ce moment-ci les soins les plus étendus à cette partie de son administration. En conséquence, il a établi dans les différents quartiers de Paris des balayeurs chargés de nettoyer les places publiques et tous les lieux qui ne sont plus à la charge des propriétaires et des locataires. Il a autorisé ces mêmes balayeurs à se charger moyennant une modique rétribution du balayage des rues. Cette facilité a été à peine accordée, que nombre de particuliers se sont empressés d'y recourir. L'enlèvement des neiges, l'arrosement des rues dans les fortes chaleurs de l'été, le soin de répandre du sable sur les ponts lorsque le verglas et les gelées ont rendu l'abord difficile sera du ressort de ces hommes, qui répondent personnellement de la fidélité et de l'exactitude du service. Pour se procurer ces balayeurs, on s'adresse à MM. les commissaires du quartier.

Dans cette direction, les organisateurs ne se sont pas arrêtés. Qui peut fournir la liste des objets perdus? c'est alors la Garde de Paris, et sous cette rubrique : *Garde de Paris* vous découvrez l'avis suivant :

La garde de Paris a trouvé : 1° un chapeau bordé en or qui est tombé de dessus la tête d'un cocher, rue Mauconseil; 2° un plan de l'habitation de MM. Ruby et Belin; 3° une redingote sur la place du Palais-Royal.

On s'adressera pour les objets ci-dessus à M. de Boye, commandant de la garde de Paris, rue Meslée.

Le chapitre *Tribunaux*, — *Palais*, pour être plus exact, — est déjà installé dès le premier numéro; il s'accroit de plus en plus. Ici c'est un inextricable procès en adultère, un enfant réclamé par deux pères; là, c'est l'histoire d'un particulier pendu par lui-même, dépendu par sa femme, condamné aux galères à perpétuité pour tentative de suicide, acquitté, c'est-à-dire *mis hors de cause* et plaidant contre toute sa famille.

Le journal a souci de compléter ces renseignements; il reproduit le tableau des séparations de corps; il s'efforce aussi de donner la liste des morts et des naissances; mais les curés de Paris, qui tenaient encore les registres de l'état civil, s'y opposent : le journal tourne la difficulté et donne seulement la liste des scellés posés après décès.

Nous avions déjà les *Numéros sortis* à la Loterie royale de France; au n° 19 nous voyons apparaître la *Bourse*.

COURS DU CHANGE

*du vendredi* 17 *janvier* 1777

| | |
|---|---|
| Amsterdam | 54 |
| Londres | 31 30 |
| Hambourg | 188 |
| Madrid | 15 4 |
| Cadix | 15 2 |
| Livourne | 97 3/4 |
| Gênes | 95 3/4 |
| Lyon | 7-8 à 1 p. 0/0 |

COURS DES EFFETS

*du vendredi* 17 *janvier* 1777

| | | |
|---|---|---|
| Colonies | | |
| Cie DES INDES | Actions des Indes | 1725 1730 1735 |
| | Idem non nourries | 1110 |
| | Huitième d'action | |
| | Vingt centièmes | |
| | Billets d'emprunt | 402 |
| Rescriptions | | 15 |
| Billets des fermes | | 4 1/2 3/4 |
| Billets de la Loterie de France | | 1230 1240 |

« Voilà pour nos lecteurs, réfléchit-on dans les bureaux de la rue du Four-Saint-Honoré; mais les lectrices, qui s'opposent peut-être au départ de cet argent destiné à payer l'abonnement, si l'on imaginait quelque moyen de leur être agréable? » Et le lendemain la *Chronique de Modes* était inaugurée. On lisait, sous la rubrique « *Modes* » :

Il paraît que la couleur puce n'est plus tant en usage pour les robes de femmes. Plusieurs commencent à préférer la couleur chamois.

On a déjà fait quelques robes de cette couleur, dont la garniture est appelée *à l'antique*. Cette garniture est blanche, elle est nouée par des rosettes et des glands couleur de la robe à certaine distance les uns des autres. M^me^ Gely, marchande de modes *aux trois Sultanes*, rue Saint-Honoré, vis-à-vis la barrière des *Sergents*, est l'inventeur de cette espèce de garniture, et c'est chez elle que l'on peut s'en procurer et en prendre une connaissance plus détaillée.

Un peu plus loin il est question, toujours sous ce titre : *Modes*, d'une coiffure qui détrône la coiffure *A la petite palissade*, la coiffure au *Parterre charmant*, la coiffure aux *Délices du siècle d'Auguste*.

La coiffure la plus nouvelle est une espèce de casque à jour de velours noir délicatement brodé sur le fronton et sur le diadème aux paillettes d'or; la crête est surmontée à la romaine de dix plumes d'autruche mouchetées d'yeux de paon. Cette coiffure, qui s'appelle une *Sincérité*, n'a encore paru que pour les parties de traîneaux de la cour.

La créatrice est toujours M^me Gely, qui s'immortalisera par l'invention des *Bonnets à la pie*.

Et tout à coup, ainsi qu'un nuage traverse un ciel serein, un pressentiment des heures tragiques vous vient en parcourant al description de ces toilettes. On songe qu'un jour d'octobre une femme attachée sur une charrette passera dans cette rue Saint-Honoré, cherchant vaguement une enseigne de marchande de modes. On lui a bien indiqué la maison, mais elle ne connaît point ce Paris qui était sa ville....

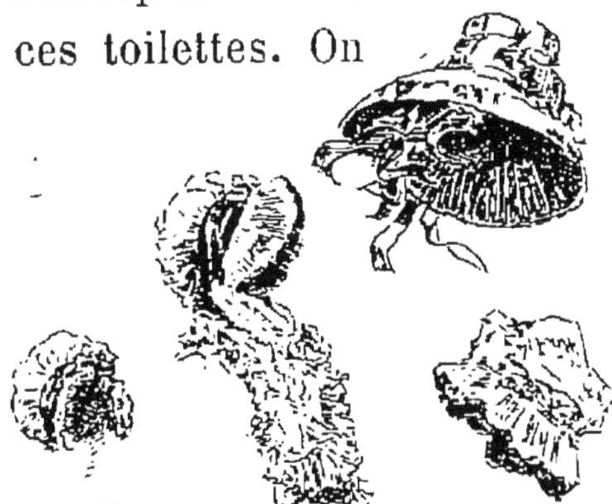
La Mode.

A la hauteur de l'Oratoire, un enfant que sa mère soulève dans ses bras fait une révérence gracieuse et envoie un baiser vers la charrette. Celle que tant de douleurs n'ont pu abattre sent ses yeux inondés de larmes à cette démonstration enfantine. La charrette a avancé de deux tours de roues. A travers ses pleurs, la prisonnière a reconnu la maison. Cette fois elle baisse la tête, qu'elle tenait si haute devant la populace hurlante. C'est d'une des fenêtres de Mme Gely qu'un ministre de Dieu, un prêtre non assermenté, prononce sur celle qui fut la reine de France, les paroles du suprême pardon....

Mais nous sommes loin de ces horreurs en 1777, à l'époque où paraît le premier journal quotidien !

Cette tête qui doit tomber sur l'échafaud, on n'admet même point qu'un artiste y touche, quand est malhabile la main qui tient le crayon ou le pinceau :

Il paraît une estampe de manière noire et très noire, représentant le portrait de la reine par M. Dagory. Tous les Français connaisseurs regardent cet ouvrage comme un crime de lèse-majesté. Ils demandent que, comme il n'était permis qu'au seul Appelle de peindre Alexandre, il fût défendu à l'ignorance de peindre si maussadement les traits de leur gracieuse souveraine.

Ceci n'est point un compliment seulement, c'est

l'appréciation du Critique d'Art. A tous ses éléments d'information, le journal quotidien a joint la Critique d'Art, non point pour les œuvres exceptionnelles seulement, mais pour tout ce qui se rapporte au mouvement artistique. La rubrique *Arts* est ouverte, et c'est en ces termes qu'on annonce au public le nouveau rédacteur :

Les grandes Ventes.

Nous annonçons avec plaisir qu'un artiste célèbre qui ne nous permet pas encore de le nommer nous promet de nous donner avis de tous les tableaux, sculptures et gravures, dont il aura connaissance dans le cours de l'année et qu'il jugera dignes de la curiosité du public et des amateurs des Beaux-Arts. Il y joindra un mot d'éloge de la partie de l'art qui lui paraîtra en faire le mérite principal, il indiquera la demeure de l'artiste et le temps pendant lequel on pourra voir son œuvre, ce qui peut être d'autant plus avantageux aux arts et aux artistes que plusieurs d'entre eux qui ont beaucoup de mérite courent le risque de rester inconnus faute d'un lieu décent où ils puissent exposer et faire connaître leur talent.

Si ces avis peuvent être utiles au public, il est bon d'observer qu'on devra les lumières qui en peuvent résulter, à la bonté du roi qui a rendu la liberté aux arts en voulant que les artistes ne fussent plus exposés à ces saisies qui les forçaient à se cacher.

Le lendemain le rédacteur débutait en rendant compte de la vente du cabinet de M. de Gagny :

Le beau tableau de David Teniers connu sous le nom de l'*Enfant prodigue* a été adjugé à 29,000 livres; *le Marché aux herbes*, par Metzu à 25,800 livres; deux paysages de Claude Gelée, dit le Lorrain, à 24,000 livres; un petit tableau de Karel Dujardin représentant un *marchand d'orviétan*, à 17,200 livres; un paysage avec figures par Adrien van den Velde à 14,980 livres; un tableau représentant *Vertumne* et *Pomone*, beau morceau connu pour être de Rembrandt, à 13,700 livres; divers morceaux encore ont été portés à 10, 11 et 12.000 livres, entre autres les tableaux de Murillo et plusieurs paysages de Claude Lorrain, que les étrangers se trouvent heureux de nous avoir enlevés.

Les vrais amateurs de la peinture conserveront longtemps le souvenir de cette vente; ils y ont vu les beaux tableaux monter à des prix qui justifient leur opinion et leur goût. De toutes les passions qui assiègent le cœur humain, la passion des arts est celle qui procure la jouissance la plus paisible, la plus durable et, nous osons dire, peut-être la moins onéreuse. Après une longue carrière d'amusements honorables et journellement variés, feu M. Blondel de Gagny laisse des effets dont le prix surpasse de beaucoup ce qu'ils ont coûté.

Ces lignes ne semblent-elles pas écrites à la suite de quelque vente de cet hiver? Ajoutons que, contrairement à une opinion assez généralement reçue, les prix eux-mêmes semblent presque contemporains, si l'on réfléchit qu'il convient tout au moins de tripler les chiffres pour avoir l'idée de la somme qu'ils représentent aujourd'hui.

A toutes les informations pratiques, le *Journal de Paris* avait ajouté des renseignements plus indispensables encore : il avait pensé aux ménagères, et sous le titre : *Comestibles*, il donnait le cours des Halles, le tarif des volailles, en accompagnant cette mercuriale de commentaires que toutes les femmes d'intérieur approuveront. Il expliquait, en effet, que les prix, tenus très haut dans le commencement de la matinée, tombent si la vente se ralentit.

« Si le temps passe du froid au dégel, ajoute le baron Brisse de ce temps, ils baissent prodigieusement; ainsi, il n'est pas étonnant qu'on paye 5 livres à midi la pièce qui le matin aura été vendue 6 livres, 6 livres 10 sols. »

Le rédacteur chargé de cette partie du journal

croit donc bon de présenter trois prix : le prix haut, le prix moyen, le prix inférieur. Là encore, on est légèrement surpris en se convaincant que tout a plutôt diminué qu'augmenté. Voici quelques chiffres au hasard : poulet gras, prix haut, 2 liv. 10 sols; prix moyen, 2 livres; prix bas, 1 liv. 10 sols. Pigeon, 1 liv. 10 sols; dindonneau, 5, 4, 2 liv. 10 sols; lièvre, 4, 3, 2 liv. 10 sols.

Enfin, le bulletin sanitaire s'était montré dès le troisième numéro.

Les maladies qui ont règné pendant tout le mois de décembre sont des maux de tête, des fluxions sur les dents et sur les oreilles, des toux, des lassitudes et des frissons irréguliers. Quelques-uns des malades, après avoir éprouvé ces symptômes, ont essuyé des fluxions de poitrine. Il y a eu des diarrhées et même des flux dyssentériques et même quelques personnes sont mortes subitement.

On en a la preuve : au bout de deux mois à peine le journal quotidien était constitué, non point dans sa forme définitive mais dans ses lignes essentielles. Nouvelles des théâtres et des concerts, Comptes rendus des livres, Faits-divers, Renseignements administratifs, Chroniques du Palais, Critique d'Art, Bulletin de la santé publique, Bulletin des Halles et Marchés, Courrier de modes, Bourse, — le cadre est absolument complet. Sans doute le mérite de chaque rédacteur, l'activité des *reporters*, le talent spécial avec lequel chacun exécute sa partie, agrandiront leur rôle et mettront davantage en évidence leur personnalité ; ce qu'il faut constater dès à présent, c'est que le journal quotidien est fondé pour jamais et désormais indestructible.

Il ne dépend point d'un ministre, il ne sert point une passion particulière, il est devenu un besoin général, il est aussi impossible de le supprimer que de supprimer l'air, le pain et le vin. Il montera plus haut, il exagérera son importance et, par un juste retour, il connaîtra la persécution ; mais, une fois rentré dans ses frontières, il sera invincible sur le domaine qu'il a occupé dès le commencement.

Nul parmi les plus despotes ne s'avisera de le forcer sur ce domaine. C'est en quelque façon un conquérant qui peut, selon les moments, posséder le monde un jour et se voir enlever ses conquêtes le lendemain, mais qui est assuré de garder toujours la province où il est né. La question de la liberté absolue de la Presse dépendra longtemps des circonstances, puisque ceux qui la réclament quand ils sont dans l'opposition considèrent comme parfaitement honnête de refuser aux autres ce qu'ils ont demandé pour eux-mêmes. Seule la nécessité de l'*information* rend la presse inexpugnable. L'information représente une citadelle où la presse se réfugie aussitôt que l'horizon se rembrunit pour elle, ce qui parfois signifie qu'il s'éclaircit pour le pays....

Cette citadelle, ce sont les fondateurs du *Journal de Paris* qui l'ont construite, et après avoir étudié tout d'abord cette abstraction qui s'appelle le *Journal quotidien*, il n'est pas sans intérêt de tracer en quelques lignes l'historique de cet organe particulier qui se nomma le *Journal de Paris*.

## III

## Le Journal de Paris.

Dès le 11 mars 1702, nous apprend M. Cucheval-Clarigny, le premier journal quotidien publié en Europe avait paru en Angleterre. Il s'appelait le *Daily-Courant*, était imprimé d'un seul côté sur une demi-feuille et se composait par conséquent d'une seule page, divisée en deux colonnes. Il ne contenait que des articles traduits ; cinq étaient empruntés au *Courrier de Harlem*, trois à la *Gazette de France* et un au *Courrier d'Amsterdam*.

Ce ne fut qu'en 1776 qu'on songea à imiter cet exemple en France. Le prospectus du *Journal de Paris*, qui devait d'abord se nommer : *la Poste*, fut lancé au mois de novembre.

« On connaît, lisons-nous dans les *Mémoires secrets*, à la date du 11 novembre 1776, la gazette de Londres intitulée *London evening Post;* elle a donné l'idée d'une pareille, intitulée *Journal de Paris* ou *Poste du soir;* on en répand le prospectus, très intéressant s'il est bien rempli. Ce journal commencera au 1er janvier 1777 et paraîtra tous les jours. C'est un M. de Laplace, clerc de notaire, qui s'annonce comme à la tête de cette entreprise, ce qui n'en donnerait pas une grande idée s'il était seul. Il est certain que ce sera un Pérou, mais on craint fort que d'ici là l'exécution ne souffre beaucoup de difficultés à raison du tort qui va résulter pour la multitude d'autres ouvrages de ce genre que celui-ci va anéantir. »

Le 1er janvier paraissait ce premier numéro, et les *Mémoires secrets* enregistrent sa naissance. « La *Poste du soir* a paru hier, malgré tous les obstacles et se continue. Jusqu'à présent elle est très plate, et l'on était si persuadé qu'elle n'aurait pas lieu ou qu'elle serait mauvaise, qu'il n'y avait au commencement de l'année que mille souscripteurs. »

Un peu plus loin les *Mémoires* ajoutent :

« Les rédacteurs du *Journal de Paris* n'ont pas manqué de suivre la leçon que donne M. de Rullydge dans sa comédie du *Bureau d'esprit :* ils ont orné leur première feuille d'une lettre du *Papa grand homme.* Cette lettre, comme vous devez bien penser, renferme des éloges. M. de Voltaire s'y plaint de la liberté qu'on prend de mettre sous son nom beaucoup d'ouvrages qu'il n'a pas composés; c'est une pierre d'attente pour tous les désaveux qu'il se propose de faire. »

Probablement quelque bel esprit du café Procope ou de la Régence formula alors l'axiome célèbre qui n'a jamais été cité qu'un millier de fois : « Le premier numéro d'un journal n'est jamais bon: il faudrait commencer par le second. » Le premier numéro du journal quotidien il faut en convenir, ne tenait qu'imparfaitement les promesses du prospectus.

Nous avons indiqué déjà les difficultés contre lesquelles la feuille naissante eut à se débattre. Dès le vingt-troisième numéro, le *Journal de Paris* trébuchait pour s'être heurté à un des puissants du jour; mais à un âge aussi tendre les chutes ne sont pas dangereuses. Suspendu le 23 janvier, le journal reparaissait dès le 29; il avait laissé en route Laplace, ce fondateur du journalisme quotidien, dont le nom ne figure dans aucune biographie. Un triumvirat présidait désormais à la direction. Il se composait d'un homme de lettres, d'Ussieux, qui fut plus tard membre du Conseil des Anciens; d'un homme de finances, qui devait avoir un caractère excellent, car il resta jusqu'à la fin le fidèle ami de Jean-Jacques Rousseau; et enfin d'un pharmacien (on disait au XVIIIe siècle apothicaire), Cadet de Vaux, frère du célèbre Cadet Gassicourt.

La profession de ce dernier, surtout, avait le don d'exciter la verve des rimeurs qui commençaient à faire pleuvoir sur le journal et ses propriétaires une grêle de traits, dont quelques-uns ont resservi plus tard pour le docteur Véron. La Comédie française s'en mêla; dans une espèce de revue de fin d'année : *Molière à la nouvelle salle*, on se gaussa fort du nouveau journal sans que, paraît-il, les directeurs se troublassent beaucoup de ces plaisanteries :

O d'Ussieux, Cadet, Corancez,
Comme on vous a bernés, comme on vous a tancés!
Mais Corancez, d'Ussieux, Cadet
Ont toutes les vertus, le sang-froid du baudet,
Et Cadet, Corancez, d'Ussieux,
N'en écrivant pas moins, n'en écrivent pas mieux.

Les triumvirs avaient bien d'autres préoccupations. La *Gazette de France* et le *Mercure* leur reprochaient d'empiéter sur leurs privilèges et leur intentaient procès sur procès. La Poste refusait de les transporter. Un beau matin, l'épigramme, qui décidément ne leur réussissait pas, leur porta encore malheur, et ils se firent une véritable querelle d'Allemand avec une impertinence de Boufflers.

Envoyé près de je ne sais quelle princesse d'outre-Rhin, Boufflers se présenta chez elle avec une fluxion. L'irascible souveraine, loin de le plaindre, s'indigna de son sans-gêne et s'attira quelques vers malins, que le journal inséra sans penser à mal :

J'avais une joue enflée;
La princesse boursouflée,
Au lieu d'une en avait deux.
Et Son Altesse sauvage
Parut trouver très mauvais
Que j'eusse sur mon visage
La moitié de ses attraits.

Suspendu le 4 juin, le journal reparut le 27 et à partir de cette époque, poursuivit tranquillement sa route. Les moins bien disposés avaient été contraints de reconnaître les services qu'il était capable de rendre, au moment d'un accident arrivé au roi pendant la chasse. « On vit, dit la *Correspon-*

*dance secrète*, à l'occasion de cet événement, l'utilité du *Journal de Paris*, qui, dès le mardi matin, a fixé les rumeurs publiques et dissipé toutes les craintes par un supplément rendu en grande diligence. »

Le *Journal de Paris* était définitivement fondé. Déjà la province, qui le lisait avidement, se plaignait qu'on ne songeât pas à elle, s'il faut en croire cette jolie page, qui nous montre bien quel accueil le *Tout-Paris* réservait à ce journal désormais devenu indispensable :

AUX AUTEURS DU *Journal de Paris*.

Jamais ouvrage périodique n'a mieux mérité le titre de journal que celui dont vous êtes les rédacteurs ; en effet, il paraît tous les jours, et presque tous les jours aussi il contient quelque article utile ou agréable, mais en l'intitulant *Journal de Paris* vous semblez borner sa sphère à la seule capitale, et je vous assure que c'est lui en supposer une beaucoup trop étroite. Il pénètre dans les provinces les plus reculées, et c'est peut-être là qu'il produit le plus d'effet, comme les graines que les vents ont emportées ne fructifient que dans les lieux éloignés, où leur souffle expirant permet qu'elles se déposent. Si j'en dois croire le rapport de quelques-uns de mes amis qui ont longtemps habité Paris, voici, à peu près, qu'elle est dans cette grande ville le sort de votre journal. Un suisse ou tout autre domestique l'apporte à l'heure du lever ou à celle de la toilette.

C'est le moment où les grandes affaires commencent. Cinq ou six billets d'une jolie petite écriture, plus agréable à voir que commode à lire, se présentent avec lui. Il faut les parcourir, il faut y répondre par d'autres lettres. On tortille les unes, on donne les autres à plier, on en cachette soi-même. Pendant ce petit tracas, on jette les yeux sur l'article des spectacles, et il n'est pas rare qu'une lecture rapide n'oblige à écrire deux ou trois billets de plus.

— Mon Dieu! on donne aujourd'hui *Richard* et je n'ai pas ma loge. Madame une telle ne peut-elle pas savoir de sa sœur si le mari de sa nièce n'a pas prêté la sienne à sa cousine?

— Rappelez ce laquais qui s'en va! Dites au postillon de seller un cheval!

Ces grandes affaires terminées, on revient au journal. Après l'affiche du jour, l'article le plus important est celui des spectacles de la veille.

— Voyons ce qu'il dit de la pièce nouvelle....

Cette pièce est-elle critiquée, on va jusqu'au bout. Le journal en dit-il du bien, on le pose sur la cheminée en haussant les épaules. — *Que ce journal devient ennuyeux!* Et le pauvre journal reste abandonné au valet de chambre ou à la femme de chambre, qui le lisent avec d'autant plus d'attention qu'ils n'y comprennent rien.

Observez, messieurs, que jusqu'ici on n'a pas spécifié si le lieu de la scène est chez une femme ou chez un homme; c'est qu'on m'a assuré que cela était absolument égal et que, s'il existait une seule différence, c'est que d'un côté on demande ses bottes et de l'autre son chapeau et son éventail.

Est-ce vraiment une lettre de province que ce

courrier de Paris d'un tour si enjoué et d'un badinage de si bonne compagnie? Je n'en crois rien, ni vous non plus.... Un élément de succès manquait encore au journal, et à l'instant même la *Chronique* a commencé à bavarder devant vous....

Ceci nous rapproche de 89; nous ne franchirons pas, si vous le voulez bien, ce cap des tempêtes. Nous ne vous montrerons pas Garat, Condorcet, Regnault de Saint-d'Angély, Rœderer, s'essayant, sans y parvenir toujours, à faire de la politique modérée dans ce journal qui n'accepta la politique qu'à contre-cœur. Sans doute, on pourrait glaner de ce côté

Volaille, gibier et CANARDS !

plus d'une piquante anecdote, esquisser plus d'un portrait saisissant. Quoi de plus intéressant, par exemple, que de voir le chantre inspiré de l'*Oarystis*, André Chénier, le doux poète, nourri du miel pur de l'Attique, venant écrire dans ce journal ces articles ardents comme les *Autels de la Peur*, qui alternaient avec ses ïambes indignés.

Dans ce journal... l'expression n'est pas exacte : c'est dans le *supplément* qu'il faut dire, le *Journal de Paris*, en effet, très désorienté et très troublé encore une fois par la Révolution, avait eu l'idée de créer un supplément où chacun avait le droit moyennant finance d'exposer ses opinions personnelles. C'était l'affaire de Chénier. Cette noble nature, éprise de tout ce qui était beau, ennemie du Mal dans quelque camp qu'il fût, détestant les *bandits à talons rouges* et les *bandits à piques* errait à l'aventure sans savoir sous quel drapeau combattre. Il trouva ce supplément, s'y installa, y lutta vaillamment, signa tout ce qu'il écrivit et fut mené par un magnifique jour de juillet à la barrière du Trône.

En passant devant la Bastille, il put méditer sur la différence du nouveau régime et de l'ancien. Sous les tyrans on mettait les écrivains en prison ; une fois la liberté de la presse proclamée, on les guillotina au nom du progrès....

Nous le répétons, nous nous arrêtons à cette époque où le *journalisme* — le terme a été employé pour la première fois en 89, par un correspondant du *Journal de Paris*, qui s'excuse de ce néologisme, — se transforme et devient une arme entre les mains des partis....

On entreprend parfois des pèlerinages aux lieux qui virent naître des hommes de génie. Un pèlerinage à la maison qui vit naître le premier journal quotidien n'est point possible; la maison a été démolie (1), et à la place qu'elle occupait on a vu longtemps l'ancienne *Vallée*, maintenant disparue, le Marché à la volaille, et, s'il faut préciser — quelque irrévérencieuse que paraisse l'allusion — le pavillon où avait lieu la vente des *canards*....

(1) Le *Journal de Paris* n'était resté que quelques années rue du Four-Saint-Honoré. En 1787 nous le rencontrons installé, 11, rue Plâtrière (rue Jean-Jacques-Rousseau). Dans la même maison se trouvaient : la loge des *francs-maçons* de MM. les étrangers réunis, le bureau de l'association de bienfaisance pour les pauvres plaideurs (origine de l'assistance judiciaire), et un M. Lemonnier exerçant la singulière profession de *tourneur de pois d'iris pour les cautères*. En 1794 les bureaux étaient situés rue Traînée, dans l'ancienne maison curiale de Saint-Eustache.

# Un Intendant des Menus

# Papillon de la Ferté

**Le budget des Menus sous l'ancien régime (1762-1776). — L'Opéra et la Vie Galante au XVIIIe siècle.**

Philarète Chasles prétendait qu'un lettré en sait plus aujourd'hui sur l'État de la Grèce au temps de Pausanias que Pausanias lui-même. Cette affirmation tient peut-être un peu du paradoxe quand il est question d'époques aussi reculées et de civilisations aussi différentes, mais il est permis d'affirmer que lorsqu'il est question du XVIIe et du XVIIIe siècle, nous en savons plus que ceux qui vivaient alors.

Ils voyaient les personnages s'agiter sur le théâtre; nous circulons librement dans les coulisses et nous connaissons ce qui se passait derrière la toile. Chaque jour un document authentique, précis et irréfutable, nous permet de reconstituer l'existence exacte des ancêtres, de pénétrer dans leur intimité, de redevenir pour eux des contemporains, mais des contemporains pour lesquels rien n'est caché.

Je pensais à ceci, en feuilletant, il y a quelques années, un précieux manuscrit dont la bibliothèque Carnavalet venait de faire l'acquisition.

Qu'était la Cour au XVIIIe siècle, aux yeux de la Ville et aux yeux surtout de la province? Un séjour enchanté où l'on jetait l'or sans compter, un gouffre sans fond où s'engloutissaient les trésors du pays. Le document dont nous parlons, tout en constatant de réelles prodigalités, montre qu'un ordre poussé jusqu'à la minutie réglait encore les dépenses de luxe, présidait à l'organisation de la plupart de ces fêtes éclatantes dont on s'exagérait encore les frais trop exagérés déjà.

Il s'agit d'un compte rendu de la gestion des Menus plaisirs, les *Menus*, comme on disait d'ordinaire pendant quinze années, de 1762 à 1776.

Ce qu'étaient au juste les Menus, l'auteur lui-même du compte rendu, Papillon de la Ferté, va le préciser plus nettement, plus administrativement que nous ne le pourrions faire.

Les objets de dépenses de l'administration des Menus se divisent en quatre classes, savoir : l'*Argenterie*, les *Menus*, les *Plaisirs*, et les *Affaires de la chambre du roi*. Il s'expédie différents états conformément aux différentes natures de dépenses.

Les dépenses de l'argenterie consistent dans les cérémonies d'église, fêtes solennelles, sacre, baptêmes, mariages, pompes funèbres, deuils, *Te Deum*, processions et autres.

Par celles des *Menus* on entend les différents renouvellements de la chambre et garde-robe du roi et de Mesdames, en coffres, lits, pavillons, dais, cassettes, frais de voyage, fournitures faites par les valets de chambre, tapissiers et barbiers du roi, les habillements à diverses personnes, les tentes et maisons de bois, les bijoux, portraits et autres présents donnés par le roi et la famille royale.

Sous la dénomination de *Plaisirs* sont comprises les dépenses des spectacles, fêtes, feux d'artifice, bals, etc., avec les appointements et gratifications accordés en conséquence de ces objets.

Enfin les dépenses nommées *Affaires de la chambre du roi* consistent dans le renouvellement des linges et dentelles du roi, des toilettes, robes de chambre, meubles de la chambre et garde-robe, les pendules du cabinet, l'entretien et renouvellement des meubles de campagne, et argenterie de la chambre et garde-robe.

L'intendant des Menus, en un mot, était à la fois le majordome et le ministre des plaisirs à une époque où, en ce monde qui devait finir au milieu de si tragiques catastrophes, on ne pensait qu'à s'amuser.

On devine qu'une telle administration était naturellement en butte aux attaques passionnées de tous les réformateurs, qu'elle semblait en quelque sorte responsable de tous les scandales et de toutes les hontes qui avaient déshonoré la fin du règne de Louis XV. Quand l'atmosphère se fut un peu purifiée avec l'avènement de Louis XVI, les protestations devinrent plus vives encore, et les récits les plus fantastiques se mirent à circuler. Ce fut alors que Papillon de la Ferté, qui était, sinon un homme irréprochable, du moins un administrateur auquel ne manquaient ni l'habileté, ni la prudence, eut l'idée de présenter, dans un tableau plein de clarté et de netteté, le compte rendu de quinze années de gestion.

Lui-même prend soin d'indiquer le but qu'il se propose.

« Cet extrait, écrit-il, contient le relevé général

de quinze années de différentes natures de dépenses comprises dans les états ordinaires et extraordinaires de l'Argenterie, Menus, Plaisirs, et

Décor de l'ancien Opéra (1).

Affaires de la chambre du roi, à commencer de l'année 1762, où j'ai été chargé seul de tous les détails de cette administration, jusques et y compris 1776, époque où la forme des états a commencé à changer en ne comprenant dans chacun d'eux que

(1) Les neuf décors de l'ancien Opéra, que nous donnons au cours de cette étude, sont tirés de l'œuvre de l'architecte Pâris (*Bibliothèque de Besançon*) dont les dessins originaux ou maquettes offrent cette particularité si intéressante, ici, d'être approuvés et signés de la main propre de Papillon de la Ferté.

ce qui était réellement relatif à leur intitulé; ce n'est que successivement que l'on est parvenu à les mettre dans l'ordre où ils sont.

« Au reste, ce travail est moins utile que curieux, en ce qu'il présente un extrait de toutes les dépenses qu'il était possible de détailler et qu'on y trouvera une multitude d'objets dont on ne peut avoir d'idée qu'autant qu'ils sont rassemblés sous les yeux, et dont le résultat se trouve enfin si fort au-dessous de tout ce que les personnes peu instruites ou malintentionnées se sont plu d'avancer depuis plusieurs années. Il est vrai que les dépenses de cette administration étant pour la plupart apparentes, telles que celles des spectacles, fêtes, mariages, pompes funèbres, elles ont excité plus que toutes les autres dépenses de la maison du roi, qui sont par leur nature plus intérieures, la critique et les propos des gens oisifs; l'on verra ci-après combien ces sortes de dépenses sont au-dessous de tout ce qui a été dit, puisque les spectacles ne composent pas, dans le cours de ces quinze années, le quart de la dépense totale et qu'il en reste aujourd'hui dans les magasins du roi des approvisionnements immenses en tout genre qui représentent plusieurs millions et dont la conservation contribuera journellement à la diminution de la dépense annuelle.

« Voici le total de ces dépenses, qui, nous le répétons, s'appliquent à quinze années :

| | livres. | s. | d. |
|---|---|---|---|
| 1° Toilette du roi et de Mgr le Dauphin...... | 41.039 | 1 | 8 |
| 2° Toile pour la cérémonie de la cène........ | 29.409 | » | » |
| 3° Fêtes solennelles........................ | 169.946 | 13 | 1 |
| 4° Gages, gratifications, récompenses........ | 1.792.812 | 16 | 8 |
| 5° Deuil du roi et de Mgr le Dauphin........ | 70.910 | » | » |
| 6° Voitures de la cour.......... ....... | 1.342.457 | 5 | » |
| 7° Menues fournitures de la chambre........ | 1.052.729 | 2 | 6 |
| 8° Comédies et concerts.................. | 3.030.879 | 9 | 4 |
| 9° Voyage de Compiègne.................. | 491.491 | 11 | 1 |
| 10° Voyages de Fontainebleau............... | 3.188.485 | 7 | 6 |
| 11° Dépenses imprévues........... ....... | 3.107.708 | 2 | 7 |
| 12° Magasins........... .............. | 3.226.615 | 7 | 5 |
| 13° Renouvellement des toilettes et dentelles de Mgr le Dauphin.................... | 128.080 | 11 | 6 |
| 14° *Idem* du dais, de la garde-robe du roi et de Mgr le Dauphin................ | 60.603 | 5 | » |
| 15° *Idem* des coffres de Mesdames........... | 118.039 | 15 | 4 |
| 16° Dépenses particulières de la reine........ | 114.510 | 17 | 7 |
| 17° Dépenses particulières pour Mesdames.... | 141.916 | 10 | 8 |
| 18° Dépenses des princes................. | 1.300.624 | 8 | 8 |
| 19° Lits de justice, etc.................., .. | 33.421 | 14 | » |
| 20° Pompes funèbres, etc................. | 1.693.672 | 16 | 7 |
| 21° Habillements et ameublements de deuil... | 200.442 | 4 | 4 |
| 22° Ornements donnés à des églises.......... | 222.898 | 13 | » |
| 23° Payement de l'école dramatique.......... | 33.000 | » | » |
| 24° Bals à Fontainebleau en 1763............ | 70.994 | 2 | 4 |
| 25° Mariages, au nombre de six....... ...... | 6.410.272 | 5 | 7 |
| 26° Sacre................................ | 825.509 | 15 | 7 |
| 27° { Bâtiments......... 2.163.821 16 1 / Ameublements..... 745.282 18 9 } | 2.909.104 | 14 | 10 |
| | 31.806.578 | 11 | 10 |
| Taxations (1)............... | 462.795 | 2 | 1 |
| Total............... | 32.269.373 | 13 | 11 |

(1) Un droit de trois deniers pour livre était attribué au trésorier des Menus sur toutes les dépenses.

Incontestablement ce total, qui représente plus de 100 millions de notre monnaie, est un énergique témoignage contre les profusions de l'ancien régime; il ne tient compte, d'ailleurs, que d'une partie des sommes que coûtait à la France l'amant de la Du Barry. Il est loin, cependant, de certaines exagérations qui avaient cours même chez les contemporains, et les scandales de notre époque ne nous ont que trop montré que le gaspillage des deniers publics n'était pas une spécialité de la monarchie.

Il serait sans doute du plus vif intérêt d'entrer dans le détail de chaque chapitre. Il n'en est pas un qui, pris isolément, ne fournît le thème d'une étude curieuse, ne fît comprendre d'une saisissante façon le fonctionnement de ce monde étrange et frivole, de cette Cour qui partout traînait après elle une véritable armée de serviteurs de tout rang, d'artistes, de musiciens, de chanteurs.

Un tel travail nous mènerait trop loin. Contentons-nous de prendre au hasard quelques chapitres qui nous montreront avec quel soin ce compte rendu est établi, quel ordre admirable préside à ce désordre.

Commençons tout d'abord, si vous le voulez bien, par l'intimité. Examinons la *toilette du roi*. Par toilette, La Ferté entend évidemment tout ce qui est toile. Les vêtements regardaient sans doute les valets de chambre et le grand maître de la garde-robe.

*Renouvellement des dentelles et linges des chambres et garde-robe du roi.*

Ce renouvellement se faisait autrefois tous les ans; mais messieurs les premiers gentilshommes de la chambre, auxquels toute cette fourniture appartenait à la fin de l'année, ont prolongé en 1759 ledit renouvellement annuel au terme de cinq ans. Il revenait aux intendants des Menus une paire de draps de 1 000 francs à chaque renouvellement, qu'ils ont abandonnée. Il y en a eu un au 1er janvier 1780.

Il consiste principalement dans la fourniture d'une très belle toilette de point d'Argentan brodé et le surtout pareil, une seconde de point de Bruxelles et le surtout pareil.

Deux belles paires de manchettes de dentelle, deux chemises, 360 aunes de toile demi-Hollande pour 8 paires de draps pour le roi, 32 aunes 1/4 pour 8 douilles de traversin, 120 aunes dites pour 8 douilles de matelas, 84 aunes dites pour 4 paires de draps de veille pour le premier valet de chambre, 63 aunes pour 6 alaises, 120 aunes pour 24 douzaines de linge d'affaires, 102 aunes pour

18 peignoirs, 18 aunes pour linges à rasoirs, 42 aunes pour linges à barbe, 14 aunes de bazin uni pour frottoirs, 60 aunes de toile pour 4 douzaines de linge à essuyer, 36 aunes pour linge pour les mains, 12 aunes dites pour enveloppes, 4 aunes de batiste pour 6 mouchoirs, 33 aunes dites pour 8 peignoirs et 12 pour taies d'oreillers.

La dépense de ce renouvellement avait été fixée, en 1759, à 16 181 fr. 4. Mais elle s'est beaucoup augmentée depuis les trois derniers renouvellements. Cette différence vient en partie du prix des toilettes de dentelle, le feu roi les ayant demandé beaucoup plus belles; mais il peut être fixé pour la suite, à environ 24 000 francs.

Rentrons maintenant, si vous le voulez, dans la vie publique et parcourons le chapitre : « Pompes funèbres, catafalques et anniversaires. » La Ferté nous initie, tout d'abord, aux détails innombrables de ce genre.

« Cette dépense, écrit-il, consiste dans la fourniture, l'habillement et payement des pauvres; les tentures d'églises louées; aux officiers des cérémonies; le payement du deuil; le loyer des manteaux, rabats; la fourniture des crêpes et gants à tous les officiers assistants; les robes, manteaux et mantes de deuil faits pour les princes ou princesses; le payement des gardes du corps, Cent-Suisses : prévosts de l'hôtel, Suisses employés dans ces occasions, de même celui des musiciens; les droits d'église, loyer de chaises, les sonneurs, les bois de construction nécessaires pour les tribunes, jubé, stalle, autel, catafalque et cénotaphes; les sculptures, dorures et autres ornements; les toiles et peintures; les décorations, les impressions d'étoffes, serrurerie, clous, cordages, échelles, livres, accessoires; le payement des armoiries en tout genre, celui des voitures de transport; les démolitions desdits travaux, les réparations des dégradations occasionnées par les travaux dans les églises. »

Le total des dépenses occasionnées par les pompes funèbres pendant quinze années, réparties sur seize catafalques ou anniversaires, s'élève à 1 693 672 liv. 16 s. 7 d.

Voici ce qu'a coûté la mort de Louis XV:

Décor de l'Opéra.
Temple de l'Amour.

1774. Pompe funèbre du roi à Saint-Denis, 179 619 liv. 3 s. 10 d. — Pompe funèbre du roi à Notre-Dame, 119 940 liv. 1 s. 9 d.

1775. Anniversaire du roi à Saint-Denis, 54 849 liv. 3 s. 6 d.

Le *sacre* fut la dernière solennité dont La Ferté ait dirigé les apprêts; elle lui valut, à Reims même, les compliments de Louis XVI, auquel Turgot avait fait remarquer quelle sage économie avait présidé à l'organisation de cette cérémonie magnifique. Le sacre ne coûta que 825 509 l. 15 s. 7 d. (1)

On nous pardonnera de donner le détail des frais de cette cérémonie qui fut comme la fête suprême où la monarchie triomphe encore une fois dans tout l'éclat de son principe, dans l'intégrité de son prestige, dans tout l'appareil des solennités traditionnelles d'autrefois....

« Les dépenses de cette cérémonie, nous apprend La Ferté, consistent :

(1) Voici ce qu'a coûté le sacre de Napoléon Ier :

| | |
|---|---|
| Sacre dans l'église Notre-Dame................ | 663.911 78 |
| Distribution des aigles au Champ de Mars....... | 239.834 73 |
| Illumination du palais et des jardins. .......... | 146.649 22 |
| Total............... | 1.050.395 75 |

Cette somme ne fut même pas dépensée entièrement; il resta un boni de 8,000 francs, que l'on appliqua à la publication du *Livre du sacre*.

| | livres. | s. | d. |
|---|---|---|---|
| « 1° Dans la fourniture des différents habits qui servent au roi pour son sacre ainsi que ceux des pairs et assistants à la cérémonie, les habits des officiers, garde de la chambre, officiers de la chambre. Cette dépense est montée à . . . . . . . . . . . . . | 148.183 | 17 | 9 |
| 2° Les ornements d'église donnés par le roi à Notre-Dame de Reims, Saint-Rémy et Saint-Maclou. . . . . . . . . . . . . . | 159.692 | 11 | 3 |
| 3° Les couronnes d'or et de vermeil du roi et des pairs, les présents en or et en vermeil pour l'église de Notre-Dame de Reims, les médailles d'or ou d'argent distribuées. . . . . . . . . . . . | 134.654 | 17 | |
| 4° Les constructions, tribunes, gradins, jubé, autel, dais, peinture, décorations, menuiserie, serrurerie et autres fournitures, payement d'ouvriers . . . . . . | 249.122 | 14 | 1 |
| 5° Le luminaire, impression, reliure de livres, payements de musiciens, etc., etc. . . . . . . | 24.964 | 5 | 4 |
| 6° Transport et rapport des effets de Paris à Reims . . . . | 54.194 | » | 14 |
| Total du sacre. . . | 825.509 | 15 | 7 |

L'auteur du compte rendu revient encore sur ce point que beaucoup des dépenses qu'il énumère sont des dépenses de premier établissement, en quelque façon, et constituent un matériel tout prêt à être utilisé.

« Il existe de toutes ces dépenses tous les hôtels de Menus formant aujourd'hui un ensemble très important pour le roi, puisque le seul terrain de l'hôtel des Menus de Paris (1) peut être évalué à plus de deux millions. Les ameublements desdits hôtels, les différents théâtres du roi (2), les hangars, salles de bal et de festin, les ameublements des loges, banquettes et tabourets, plus de deux cents décorations et machines, plus de six mille cinq cents habits; les maisons de bois et leurs ameublements, enfin une belle collection de pierreries tant pour les habits que pour les décorations, estimée à 200 000 francs; un grand nombre de lustres et girandoles, etc., etc., lesquels effets forment aujourd'hui par leur conservation constatée dans les inventaires et dans le recensement, et remis tous les ans à la chambre des comptes, une propriété de plusieurs millions pour le roi, et qui diminue d'autant plus les dépenses pour l'avenir. »

(1) C'est là que se trouve aujourd'hui le Conservatoire.

(2) Entre autres la salle où siégea l'Assemblée de Versailles.

Enfin au chapitre *Observations*, Papillon de la Ferté rapproche un exercice de quinze années sous le règne de Louis XV, d'un exercice de même durée sous le règne de Louis XIV, et il constate que les dépenses, loin d'aller en augmentant, ont au contraire diminué.

« Les dépenses de l'argenterie et menus, y lisons-nous, sous le règne de Louis XIV, dans lesquelles n'étaient point compris les voyages de Compiègne et de Fontainebleau, ni la musique de la chambre et chapelle, l'éducation des princes, les dépenses de la reine, des princesses, celles des bâtiments, mariages, et une multitude d'autres objets, ont monté, depuis 1662 jusques et y compris 1672, à la somme de 26 645 029 l. 19 s. 5 d.

Ancien hôtel des Menus.

« Mais il faut observer que, dans le cours des années 1662 à 1672, le titre de l'argent monnayé n'était qu'à 26 liv. le marc, et que depuis 1762 à

1776 il est à 48 liv.; cette différence est donc de 22 liv. par marc, ce qui a proportionné le prix des fournitures et main-d'œuvre de 22 à 40 huitièmes en sus, ce qui porterait ladite dépense par comparaison à celle faite depuis 1762 jusqu'à 1776 à plus de 48 millions, c'est-à-dire à environ 15 millions au delà de ce qu'ont coûté les quinze années depuis 1762 à 1776. »

Qu'était Papillon de la Ferté? Lui-même a pris soin de répondre à cette question. Arrêté quelque temps après le 10 août, il rédigea une *Notice historique sur lui-même*, dont le manuscrit a été acquis également par la bibliothèque Carnavalet et publié par M. Adolphe Jullien, dans une brochure très intéressante et très bien faite : *Un potentat musical — Papillon de la Ferté.*

Sorti d'une famille de financiers, il obtint d'abord un intérêt dans les fermes; puis, à la suppression des sous-fermes, en 1755, il acheta de M. de Curis, au prix de 261 000 francs, une des charges d'intendant contrôleur de l'Argenterie et des Menus plaisirs du roi.

D'abord en lutte ouverte avec les gentilshommes de la chambre, il s'acquit bientôt les sympathies de tous et se créa une position prépondérante grâce à un caractère très particulier, à des qua-

Décor de l'Opéra : *Prométhée.*

lités très réelles et très diverses qu'un Sainte-Beuve aurait seul pu mettre en lumière en soumettant cette personnalité originale à son analyse délicate et fine. C'était un homme d'ordre, nous l'avons dit, et sans lui donner la figure d'un Caton, qui eût été fort déplacée en pareil milieu, ces simples habitudes d'ordre budgétaire lui assurèrent une place à part dans ce monde frivole où l'on *gâchait* — pour employer un terme un peu trivial — plus encore qu'on ne dépensait. Il avait le goût des

9.

papiers, des quittances, des livres en règle.

Lui-même se montre ainsi, dans ces pages qui, écrites en prison, ont un incontestable accent de sincérité.

« M. de Curis, dit-il, ne m'avait cédé sa charge que par suite des dégoûts que ces messieurs (les gentilshommes de la chambre) lui avaient fait éprouver et qui compromirent même son honneur. Je crus me mettre à l'abbry de pareils événements en faisant régulièrement le journal des opérations, des ordres que je recevais ainsi que des contrariétés que j'éprouvais; je n'ai pas même laissé ignorer aux gentilshommes de la chambre les précautions que je prenais.... »

Ceux-ci, La Ferté nous le raconte, badinaient d'abord de cette comptabilité si minutieusement tenue. Ces scrupules, inutiles assurément, puisqu'il ne pouvait que constater, ne lui donnèrent pas moins une situation exceptionnelle. Il comptait si bien, qu'on compta avec lui. En 1762, on s'arrangea pour qu'il réunît sur sa tête les trois charges d'intendants contrôleurs des Menus, et jusqu'en 1776, il fut le chef absolu de ce service.

Tout-puissant vis-à-vis des petits, il était dans un rang trop subalterne vis-à-vis des grands pour rien empêcher; mais il régularisa, il endigua, il canalisa tant qu'il put. Écoutez-le encore, il nous explique dans ces pages tracées quelques jours avant sa mise en jugement les mobiles qui poussaient ces grands seigneurs à détruire la monarchie de leurs propres mains; en quelques mots très mesurés, très secs et certainement très véridiques, il accuse et il justifie à la fois ces courtisans qui ne pensaient qu'à faire leur cour.

« Ce que je dois dire avec vérité, tous MM. les premiers gentilshommes de la chambre d'alors étant morts, c'est que j'ai cru souvent défendre leur cause contre les inculpations du public sur leur probité. Jamais aucun d'eux ne s'est approprié des choses qui ne leur appartenaient pas. Ils pouvaient faire des dépenses à l'envi les uns des autres pour donner des fêtes et spectacles dans leur année, dépenses souvent trop considérables mais bien au-dessous de ce que l'on annonçait dans le public et sur lesquelles j'ai fait souvent des représentations, d'autant qu'elles m'occasionnaient à moi beaucoup de fatigues: mais le roi les approuvait, ainsi que les dons et gratifications un peu trop réitérés qu'ils accordaient. Rien de tout cela ne tournait à l'augmentation de leur fortune, mais seulement à leur agrément pour captiver la faveur du prince et souvent avec rivalité entre eux. »

Il y a dans ces lignes incorrectes la philosophie de tout un régime et l'explication de bien des folies qui se résument toutes par une seule : la folie de la Cour.

Quand La Ferté parlait ainsi, les Menus étaient déjà loin. Dès 1779, Necker avait réorganisé cette

L'Opéra au XVIIIe siècle
(*Porte Saint-Martin.*)

administration ; on se préoccupait beaucoup alors de la situation de l'Opéra qui ruinait la ville de Paris à laquelle on en avait imposé la gestion.

Désigné par ses rares qualités d'administrateur,

La Ferté semblait le seul homme qui fût capable de voir clair un peu dans ce compte embrouillé et rétablir quelque discipline chez ces premiers sujets toujours en révolte et avec lesquels il avait fait connaissance en organisant les spectacles de la Cour. Il fut nommé en 1780 commissaire général du roi près de l'Académie de musique et ne quitta ces fonctions qu'en 1790 quand la direction fut reprise par la ville de Paris qui nomma pour commissaires municipaux : Henrion, Leroux, Chaumette et Hébert. C'est cette gestion de dix années qui fut la dernière incarnation de La Ferté et qui fait l'objet de l'étude très substantielle et très consciencieuse de M. Jullien.

Presque vertueux à Versailles, La Ferté semble s'être corrompu dans ce rôle de Jupiter gouvernant un Olympe de carton, et nous voyons ce Papillon rajeunissant avec l'âge voltiger de fleur en fleur; de M^lle^ Dumesnil qu'il dispute au danseur Nivelon, à M^lle^ Maillard, qu'il éleva d'un caprice au rang de premier sujet. Il avait été sage aux heures d'enivrement et de vertige et devint fou à l'heure dernière alors que le siècle finissant, protestant contre tant de scandales, paraissait incliner vers la sagesse.

Il faut rendre, d'autre part, cette justice à La Ferté, qu'il apporta dans l'exercice de ses nouvelles fonctions, les mêmes qualités de diplomatie et de tact, le même « doigté » qui lui avaient si heureusement réussi auprès des gentilshommes de la chambre.

C'était un monde étrange, que celui de l'Opéra d'alors : un monde indiscipliné à l'excès, fantasque, exigeant, pointilleux, absolument ingouvernable, et qui savait se donner en ce siècle de la galanterie par excellence une autorité et une importance devant laquelle les ministres eux-mêmes étaient souvent obligés de plier. La moindre intrigue de coulisse, une frasque de danseuse, une révolte de chanteur devenaient des affaires d'État sur lesquelles on n'hésitait pas à consulter le roi et la reine. Le public trouvait tout naturel que Louis XVI, le bon et chaste Louis XVI, avançât l'heure du Conseil des ministres pour permettre à la cour d'assister à la représentation de *Didon* jouée pour la première fois par la Saint-Huberty.

La foule, en effet, partageait pour les spectacles de tout genre et en particulier pour l'Opéra l'enthousiasme de la Cour. Bachaumont, dont les mémoires sont si précieux pour l'histoire de l'Opéra, nous donne une idée de cet engouement par cette description du service d'ordre qui fut jugé nécessaire le soir de l'ouverture de la nouvelle salle du

Palais-Royal (26 janvier 1770), pour la reprise de *Zoroastre*.

« Une grande partie du régiment des gardes était sur pied, extraordinairement. Les postes s'étendaient depuis le Pont-Royal jusqu'au Pont-Neuf, c'est-à-dire jusqu'à environ un quart de lieue de l'Opéra, ce qui ne pouvait manquer d'opérer une circulation très libre dans les alentours du spectacle si couru, mais ce qui a gêné désagréablement le reste de Paris.

« La police n'a pas été si bien exécutée pour la distribution des billets. Outre le tumulte effroyable que l'avidité des curieux occasionnait, il a redoublé par la quantité qu'on a distribuée, soit de parterres, soit d'amphithéâtres. MM. les officiers ou gardes, les gens de la ville et les directeurs avaient accaparé la plus grande partie des billets. Cette interversion de la règle ordinaire a courroucé le comte de Saint-Florentin, qui, comme chargé du département de Paris, avait donné les ordres les plus justes à cet égard.

« Une autre supercherie n'a pas moins indisposé le public, c'est la transgression de l'arrangement pour la quantité de billets. La cupidité en ayant fait lâcher beaucoup plus que le nombre fixé, le parterre s'est trouvé dans une gêne effroyable et le premier acte ainsi que partie du

Ancien Opéra : Châssis de coulisse.

second ont été absolument interrompus par les cris des malheureux oppressés. »

Le déploiement de force armée dont parle Bachaumont n'était point une exception; il était de rigueur presque tous les jours; l'Opéra avait même à sa solde « une petite troupe permanente choisie parmi les compagnies d'élite des gardes françaises » (1).

Si loin que fussent poussés les goût du luxe et la prodigalité, les spectateurs (je parle du public ordinaire, du public payant, et non des abonnés) ne trouvaient pas alors au théâtre l'installation confortable d'aujourd'hui. Le public du parterre était debout, « comme s'il se fût agi d'un feu d'artifice ou d'un mât de Cocagne »; aussi les coups de coude n'étaient pas rares dans cette foule haletante, qui expiait son plaisir par trois heures de

(1) *Les Treize Salles de l'Opéra*, par Albert de Lassalle.

côtes pressées et de pieds écrasés. Aux jours de grande représentation, la vente des billets ne cessait point de toute la soirée, et alors les derniers arrivés étaient obligés de se créer de vive force une place qui n'existait pas. »

Toutes ces incommodités, qui nous feraient jeter les hauts cris, ne parvenaient point à rebuter le bon public du XVIIIe siècle chez lequel la passion du théâtre était portée à un degré que ne connaît plus notre époque blasée.

La première représentation de l'*Iphigénie* de Glück donna presque lieu à une émeute. Le péristyle de l'Opéra était entouré d'une foule impatiente et grondante. A un quart de lieue à la ronde, la mêlée des carrosses et des chaises à porteurs était inextricable; on se poussait, on s'injuriait, on se prenait aux cheveux entre passants et gens du guet; l'air était saturé de gros mots, et il s'en fallut de peu qu'il n'y eût bataille dans la rue. Le succès de cette première fut tel que le lendemain, les Parisiens qui n'avaient pas eu la chance d'y assister payaient jusqu'à 24 livres leurs billets de parterre....

On devine par les prétentions et les extravagances des cabotines de nos jours dès qu'un bout de rôle heureux les a fait sortir du rang, quel pouvait être le caractère de chanteuses favorites du public comme Sophie Arnould, spirituelle et bonne fille cependant, comme la Saint-Huberty et la Levasseur, d'une danseuse-étoile comme la Guimard, ou même d'un beau chanteur comme Jélyotte. La galanterie venant s'ajouter à l'idolâtrie de la foule faisait des filles d'Opéra de véritables reines, qui usaient et abusaient de l'éclat de leur situation et de la puissance de leurs protecteurs pour se permettre toutes les fantaisies et toutes les licences.

L'Opéra était devenu un véritable enfer pour les infortunés qui avaient la charge de le gouverner.

« En vérité, monsieur, écrivait à La Ferté, son ministre, Amelot, je sens qu'il faut une patience plus qu'humaine pour conduire l'*indécrottable* machine de l'Opéra. »

Le baron de Breteuil, qui succéda à Amelot, crut qu'il aurait plus facilement raison que son prédécesseur de ces dames et de leurs camarades, et qu'il lui suffirait pour cela de les traiter en quantité négligeable. Il trouvait fort plaisant que, « depuis le ministère de M. Amelot, il y eût douze volumes in-folio de lettres respectivement écrites entre ce ministre et l'administration de l'Opéra ; il a bien assuré que tel long que pût être son règne, il ne laisserait jamais dans les archives ministérielles des dépôts aussi complets de son attention en cette partie, et c'est ce que tous ceux qui connaissent la gravité respectable de M. de Breteuil ne balancent point à croire.... » (1)

La gravité respectable de M. de Breteuil avait trop présumé d'elle-même. Il fit ni plus ni moins que ses prédécesseurs, et, sous son règne, qui dura de 1783 jusqu'au 24 juillet 1788,

Décor de l'Opéra.

les pièces relatives à l'Opéra échangées entre lui, le commissaire royal et le comité, peuvent à peine se compter.

Rien de plus curieux d'ailleurs que de plonger un regard dans ces archives où dorment le souvenir des intrigues, des jalousies et des colères,

(1) *Correspondance secrète*, 23 novembre 1783.

des amours et des haines du monde le plus prétentieux, le plus vaniteux, le plus impatient de tout joug, mais aussi le plus galant, le plus adulé et le plus fêté qui ait jamais existé.

On voit tout d'abord que le ministre s'est déchargé le plus qu'il a pu sur son subordonné du soin de mettre un peu d'ordre, d'harmonie et de discipline dans cette maison de l'Opéra qui a tant de raisons intérieures et extérieures de n'accepter aucune règle. Papillon de La Ferté s'y applique, de son mieux, ainsi que nous l'avons dit, et il y réussit, dans une certaine mesure. Il a comme principal lieutenant et collaborateur, le directeur de l'Opéra, Dauvergne, sauf toutefois un interrègne qui dure d'avril 1782 à Pâques 1785. Dauvergne, en effet, disparaît pendant ces trois années, dégoûté qu'il est par l'insubordination et les réclamations continuelles des artistes. Ceux-ci se gouvernent alors eux-mêmes, ou du moins ils en ont l'illusion : en réalité La Ferté trouve moyen d'avoir la haute-main sur le comité des artistes par l'intermédiaire de son beau-frère Morel.

« Il arriva, écrit M. de Lassalle, que le sieur Morel, impudent personnage, profita de la confusion pour accaparer toutes les prérogatives directoriales, sans d'ailleurs prendre le titre de directeur. Il eut la main très dure.

« Morel avait eu des commencements pénibles. On l'avait connu occupant, aux appointements de 1200 livres, la place de surveillant des voitures qui allaient de Paris à Versailles. Puis il s'était fait nommer commis aux Menus-Plaisirs, et avait

Opéra : Rideau de l'*Amant-Sylphe*.

même fini par épouser la sœur de M. de La Ferté, surintendant d'iceux.

« Très âpre au gain, comme bien l'on pense, Morel se mit alors à faire le commerce des livrets d'opéra, les achetant le plus souvent à de pauvres diables de poètes, pour les revendre sous son nom aux musiciens. Il les prenait même de toutes mains, puisque c'est lui qui signa *Panurge dans l'île des Lanternes* et *La Caravane du Caire*, qui étaient du comte de Provence. »

Tout compte fait, le beau-frère de La Ferté paraît s'être comporté à l'Opéra de façon peu délicate. Il s'en fallut de beaucoup, d'ailleurs, qu'il réussît malgré sa poigne et son absence de scrupules, à contenir les passions du lieu et à régulariser le fonctionnement des services. Jamais les scandales ne furent si nombreux qu'à cette époque, et nous en retrouvons dans les archives de l'Opéra ainsi que dans les mémoires du temps d'innombrables échos.

Un soir, c'était M^lle^ Dorival qui arrivait pour chanter en état d'ébriété complète. Le cas n'était pas rare, car « les belles impures » comme on les appelait, considéraient volontiers que le culte de Bacchus était le complément indispensable de celui de Vénus et d'Éros. Lors donc qu'il se présentait, on ne se voilait point la face et on ne poussait point des cris de pudeur effarouchée, ainsi qu'il arriva il y a quelques années lorsqu'une jeune artiste étrangère, fort bien en cour, dit-on, chez les Rothschild, se mit à chanter sur la scène de l'Opéra-Comique avec une voix qui rappelait plutôt le chant de la grive que celui du rossignol. Quand ces malheurs se produisaient du temps de nos pères, on se contentait d'envoyer l'aimable Bacchante au Fort-l'Évêque, pour lui donner le temps de reprendre ses esprits.

Ainsi en agit La Ferté avec M^lle^ Dorival, et il en reçut immédiatement l'approbation de son ministre.

« Vous avez fort bien fait de prendre des mesures nécessaires, pour faire punir la demoiselle Dorival de sa crapule et de son manquement à ses devoirs, lui écrit M. de Breteuil, le 16 janvier 1784. Je la ferai retenir au moins huit jours en prison et je chargerai M. Lenoir de lui faire sentir tout le mécontentement que j'ai de sa conduite. »

Pour le « lui faire mieux sentir », Lenoir la mit au secret avec seule faculté de voir sa mère, sa tante et ses principaux parents, mais « sans qu'elle pût se divertir avec des étrangers ». « Précaution judicieuse, ajoute M. Adolphe Jullien, en un temps où les actrices ainsi incarcérées faisaient bonne chère et menaient joyeuse vie en prison avec leurs amis, gens de lettres ou riches seigneurs, qu'elles conviaient à ces fêtes entre quatre murs pour narguer les sévérités de l'administration. »

L'administration n'était pas toujours la plus forte, et ses rigueurs soulevaient parfois de véritables tempêtes. C'est ce qui arriva, au mois de septembre 1786, lorsque M^lle^ Gavaudau cadette fut conduite à la Force pour avoir formellement refusé de chanter le rôle de « Calliope » dans la *Toison d'Or*. Mme Saint-Huberty, qui s'était prise à ce moment d'une belle toquade pour sa camarade, s'entêta à la faire sortir de prison. Elle eut pour allié en la circonstance, le compositeur Le Moine, qui exigea de Dauvergne que la Gavaudau sortît de la Force, de bonne heure sur le midi, pour qu'elle pût dîner et répéter son rôle d'*Œnone* chez la Saint-Huberty avant la répétition générale.

A quatre jours de là, le 13 septembre, même exigence à laquelle il fallut, comme la première fois, donner satisfaction.

« Quidor, l'agent de police ordinaire des expéditions contre le monde de la galanterie et du théâtre, menait la Gavaudau dîner et répéter chez la Saint-Huberty, venait la reprendre à cinq heures pour la conduire au théâtre, d'où il la ramenait après la représention à la Force. Les deux femmes, mises en joie par le dîner en tête-à-tête, arrivaient au théâtre apportant une gaîté charmante, et la Saint-Huberty disait le diable de la *Toison d'Or*, proclamant bien haut que la Gavaudau faisait très bien de ne pas chanter dans un si mauvais opéra. La Saint-Huberty venait d'écrire de sa meilleure encre une lettre à M. de La Ferté

Opéra des *Danaides*.
Temple de la Vengeance.

et attendait pleine de confiance. La Gavaudau, qui comptait sur l'effet de la lettre de sa puissante amie, et à laquelle on permettait à la Force « de faire bombance avec son Gille » refusait toujours de chanter « Calliope » (1).

L'indiscipline et la mutinerie n'étaient pas seulement l'apanage du beau sexe.

Un beau soir de 1781, après l'incendie de l'Opéra au Palais-Royal, trois chanteurs à réputation : Rousseau, Loys et Chéron, se mettent en grève et déclarent qu'ils ne joueront pas sous prétexte que la salle provisoire des Menus n'est pas propor-

(1) Edmond de Goncourt, *La Saint-Huberty*.

tionnée à leurs mérites. Le motif véritable est que leurs appointements ne montaient qu'à 9000 livres et qu'ils en voulaient 18 000. Et comme on tardait à leur donner satisfaction, les voilà qui prennent le coche et qui s'enfuient à Bruxelles.

Ce fut alors une véritable chasse à l'homme.

Loys fut capturé; sa malle aperçue au bureau de la voiture de Valenciennes l'avait dénoncé. On le mit en prison sans autre formalité.

Chéron échappa à toutes les recherches, et dépista toutes les ruses de l'agent Quidor. Quant à Rousseau, il réussit à passer la frontière sans être reconnu.

Toute la maréchaussée de Paris et de la France fut aussitôt sur pied, et se mit à la poursuite du fugitif qu'elle croyait encore courant les grandes routes de France.

Le gouverneur de Valenciennes écrivit au ministre qu'il faisait bonne garde; que le lieutenant du roi et le prévôt général de la maréchaussée étaient nantis du signalement de Rousseau; qu'il y avait récompense promise à qui arrêterait le chanteur évadé; que des ordres étaient donnés aux gardes des portes de Valenciennes pour interroger tout voyageur qui se présenterait dans une voiture quelconque.

Précautions vaines! Rousseau restait introuvable.

Cependant, l'autorité voulait avoir le dernier mot; car la Cour et la Ville s'étaient également émues de cette affaire. Une instance diplomatique fut introduite auprès du gouvernement des Pays-Bas, à l'effet d'obtenir l'extradition de Rousseau, qui chantait tranquillement à Bruxelles, moyennant 360 livres par soirée.

M. de la Grèze, notre chargé d'affaires, n'obtint rien d'abord. Et ce ne fut qu'à la suite d'une longue correspondance que Rousseau revint à Paris rejoindre ses deux camarades. Tous trois firent leur soumission, après avoir reçu une forte semonce de M. de Breteuil. (1)

Les révoltes de ce genre, les fugues d'acteurs et d'actrices en renom sont innombrables. Pour employer une expression de l'argot moderne, chanteurs et cantatrices ne perdaient jamais une occasion de « faire chanter » l'administration.

La Saint-Huberty, que ses talents d'actrice et de musicienne rendaient indispensable durant cette période, où les sujets de réelle valeur devenaient rares, s'était acquis en cette matière une spécialité redoutable. Elle terrorisait tout le monde par son caractère fantasque et coléreux, par ses caprices, par ses exigences insatiables pour les appointe-

(1) Albert de Lassalle, *Les Treize Salles de l'Opéra.*

ments, pour les costumes, pour les congés. Quand on ne lui cédait pas assez vite, elle écrivait des lettres de la dernière impertinence, et menaçait de quitter l'Opéra. Elle rendait à moitié fou le malheureux Dauvergne qui résumait son opinion sur elle dans cette note suggestive :

« *Saint-Huberty*. Cette femme, *la plus méchante qu'il y ait à l'Opéra*, a un très grand talent comme actrice. Elle a été forcée, faute de moyens du côté de la voix, d'abandonner plusieurs grands opéras qu'elle n'ose plus chanter; cette femme qui, par congé, va passer deux mois et demi dans les villes de provinces où il y a des spectacles, ne se refuse point à chanter à deux représentations par jour, tandis qu'à Paris elle chante une fois par semaine, très rarement deux fois, et lorsque cela lui arrive, elle en murmure fort haut. »

A cela la Saint-Huberty et les autres répondaient : « Traitez-nous à l'Opéra comme on nous traite en province, et nous montrerons plus de zèle. »

Opéra : Trône galant.

C'était tout un événement que le passage d'une

actrice-étoile dans une ville de province. Les tournées de congé de la Saint-Huberty étaient une série ininterrompue de triomphales ovations. Au cours de l'été de 1785, Marseille, dans son enthousiasme, offrait à la grande artiste une fête sur la mer qu'une souveraine eût enviée.

« Vêtue d'un costume antique, la nouvelle Cléopâtre naviguait, emportée par les bras de huit rameurs habillés à la grecque, dans une galère portant le pavillon de Marseille, que cortégeaient plus de deux cents gondoles chargées d'un monde avide d'approcher la cantatrice de tout près. Elle assistait à une joute où elle décernait de ses mains le prix au vainqueur. La ville l'amusait après du plaisir de la pêche dans un grand filet qu'on ne pouvait retirer à cause de l'affluence des curieux. A son débarquement, dans les vivats et les décharges de boîtes d'artifice, elle était saluée par les acclamations du peuple qui, autour de la femme couchée sur une façon de « triclinium », se mettait à danser au son des galoubets et des tambourins.

« On conduisait la diva à travers une haie de pavillons illuminés, en une maison de plaisance où elle se reposait quelques instants dans une salle de verdure éclairée de feux de couleur. La Saint-Huberty entrait ensuite sous une tente où était dressé un petit théâtre. Là, une pièce allégo-

11

rique se jouait en son honneur, et Apollon la couronnait de son laurier comme la dixième Muse.

« Pendant le bal qui suivait, la cantatrice avait son siège sur une estrade entre Melpomène et Thalie. Puis un souper splendide, un souper de soixante couverts avait été servi dans une salle fermée par une grille de bois, défendant l'idole contre les approches de la foule qui l'eût étouffée. Au dessert, la Saint-Huberty chantait quelques couplets en patois provençal, le peuple faisait chorus. Alors, c'étaient des salves d'applaudissements, un délire, une folie, s'étendant au loin dans la campagne.

« La Saint-Huberty quittait Marseille, l'impériale de sa voiture chargée, écrasée de plus de cent couronnes dont quelques-unes avaient un très grand prix. »

On voit qu'à cette époque les reines de théâtre n'avaient pas besoin de quitter la France pour goûter l'enivrement des tournées d'Amérique.

Au sortir de ces enchantements, de ces ivresses de poésie et de gloire, l'actrice en vogue se pliait plus difficilement que jamais à la discipline de l'Opéra. Les querelles avec l'administration, les jalousies, les rivalités entre camarades recommençaient comme de plus belle, avivées encore, rendues plus acerbes par le souvenir et le regret des récents triomphes.

Un rien mettait le feu aux poudres. L'Opéra fut bouleversé de fond en comble le jour où La Ferté émit la prétention de donner en chef à Mlle Maillard, sa maîtresse, le personnage de *Didon*, dans le chef-d'œuvre de Piccini, où Mme Saint-Huberty remportait des succès éclatants. Celle-ci, comme on pense, fit une belle résistance. Marmontel prit fait et cause pour elle, et l'appuya avec vigueur. Mais le baron de Breteuil se mit du côté de La Ferté, et finalement, la Saint-Huberty, pleine de dépit et de rancune dut céder le rôle à sa rivale. Les grands seigneurs, les riches financiers, les ambassadeurs eux-mêmes se mêlaient constamment

Opéra : Décor de hameau.

à ces querelles de coulisse. Rosalie Levasseur obtenait un traitement particulier grâce à l'intervention du comte de Mercy-Argenteau, ambassadeur de l'Empire, (1) et cela au moment même où son talent déclinait si visiblement que La Ferté se croyait obligé d'écrire au ministre : « Je ne puis vous cacher, monseigneur, que le public malmène beaucoup M^lle^ Levasseur; elle a reparu dans *Iphigénie*, et, en effet, l'on ne lui trouve plus de voix, et M. l'ambassadeur... devrait bien lui donner un conseil. »

Dans une note qui fait partie de pièces conservées aux Archives de l'Opéra, le surintendant se montrait peu après plus sévère encore pour la Levasseur.

« Il y a neuf mois, écrivait-il, qu'elle n'a paru sur le théâtre; elle est depuis dix-huit années à l'Opéra, mais seulement depuis la retraite de M^lle^ Arnault et M^lle^ Beaumesnil, en chef. Si l'on lui accordait la pension de 2000 livres qui n'est due qu'au bout de vingt ans, ce serait lui faire grâce, car il ne lui est dû que 1500 livres; mais c'est faire encore un bon marché pour l'Opéra que de lui donner même les 2000 livres. »

En d'autres termes, Papillon de La Ferté consi-

(1) Rosalie Levasseur épousa par la suite M. de Mercy-Argenteau.

dérait qu'il fallait se débarasser de Mlle Levasseur même au prix d'un sacrifice d'argent. Celle-ci n'en obtint pas moins le traitement de faveur auquel elle avait si peu de droits, M. de Breteuil ayant jugé qu'il était impossible de rien refuser à la protégée de M. l'ambassadeur.

La Ferté essaya d'amortir le coup en exigeant le secret.

« Dans la position actuelle des choses, fort fâcheuse pour l'Opéra, et fort ennuyeuse pour vous, Monseigneur, — écrivait-il au ministre, — je crois que vous penserez qu'il est très important que les arrangements à faire pour la demoiselle Levasseur soient absolument ignorés; et que les 1 000 livres soient prélevées sur le trésor royal, M*** exigeant la parole d'honneur de cette actrice de n'en jamais parler à personne; car non seulement la dame Saint-Huberty demanderait peut-être le quadruple, mais encore tous les autres sujets qui se regardent comme nécessaires en feraient autant.... »

La parole d'honneur fut tenue de la façon qu'on devine; secret de coulisses et secret de Polichinelle font la paire, et vraiment, cette fois, La Ferté qui était pourtant loin d'être un sot, montrait une naïveté un peu forte. Deux mois après, Mlle Guimard, la célèbre danseuse, réclamait le supplément de pension de 1000 francs qu'on ne pouvait lui refuser. Puis c'était le tour de Vestris, de la Saint-Huberty, etc., etc.

Papillon de La Ferté, qui tenait toujours ses comptes avec un soin méticuleux, avait beau gémir sur les conséquences désastreuses de pareilles prodigalités, il n'y avait aucun moyen d'endiguer le Pactole. Comment résister aux prétentions, aux réclamations, aux exigences de tous ces sujets de talents divers, de toutes ces étoiles d'inégale grandeur, mais qui tous et toutes avaient leurs amis, leurs admirateurs, leurs cabales?

Les chanteurs comme Jélyotte, comme Leyros, les danseurs comme Nivelon et comme les Vestris, idoles des belles spectatrices, étaient toujours assurés d'avoir par surcroît le puissant appui de leurs jolies camarades. Quant aux femmes, si toutes n'avaient pas un ambassadeur pour amant comme la Levasseur, elles trouvaient l'équivalent dans la protection de grands seigneurs comme le duc de Richelieu ou le maréchal de Soubise, ou dans l'appui des fermiers généraux et des gros traitants qui se disputaient à coups de millions les gloires du théâtre et les célébrités de la galanterie.

L'ère des favorites royales était close depuis l'avènement de Louis XVI; mais les mœurs de la Régence et du règne de Louis XV n'avaient point disparu pour si peu de la Cour et de la Ville. La joie et les plaisirs étaient plus que jamais le but suprême de cette société sceptique et frivole, pressée de jouir comme si un indéfinissable pressentiment l'eût avertie de l'effroyable catastrophe où elle allait sombrer.

Maison de la Guimard,
rue de la Chaussée-d'Antin.

Le vrai roi, l'unique Dieu de tous ces hommes et de toutes ces femmes qui avaient entendu grincer le rire de Voltaire était l'Amour, — non point l'amour romantique, déclamatoire et théâtral qui a si longtemps inspiré nos romans modernes, — mais le petit Dieu païen, l'Éros voluptueux, malicieux et rieur, moitié ange et moitié démon, enguirlandé de roses et suivi de colombes, son carquois garni de madrigaux et d'épigrammes en guise de flèches.

La galanterie était une chose si importante, si essentielle pour tous, pour celles qui en vivaient comme pour ceux qui se ruinaient gaiement pour elles, qu'il y avait des directeurs de femmes galantes comme il y a de nos jours des directeurs de conscience. Et cette étrange profession qui vous paraît aujourd'hui un si vilain métier ne soulevait alors qu'un peu de curiosité qui n'était pas toujours exempte d'une secrète envie, tant les hommes qui l'exerçaient savaient sauver les apparences à force de tact, d'élégance et de bon ton.

« Beaucoup d'hommes, dit M^me^ de Genlis, qui n'avoient pas assez d'agrément pour réussir auprès des femmes, prenoient le rôle modeste de confident, qui leur donnait dans la société une sorte

Bagatelle.

de considération qui n'a pas été inutile à la fortune de plusieurs d'entre eux. Le marquis d'Estrehan, déjà vieux, était dès lors le suprême confident des femmes de ce temps; il s'étoit fait un droit de cette espèce de confiance; y manquer eût été à ses yeux un mauvois procédé. Ses conseils en ce genre étoient, dit-on, excellents; c'étoit le *directeur* des femmes galantes. »

Inutile d'ajouter que ce brave marquis d'Estrehan était sur la liste des abonnés de l'Opéra. Il y figurait en bon rang comme locataire de la *timbale* n° 3, côté de la Reine. Pour cette location qui lui donnait droit à trois places, le marquis payait un abonnement de 1250 francs par an. L'autre moitié de la *timbale* était louée au marquis de Jancourt....

La lecture des mémoires secrets de l'époque nous donne à penser que la profession de « directeur de femmes galantes » ne devait pas être une sinécure. Il est certain, néanmoins, que le savoir-faire naturel de ces dames devait alléger dans une large mesure la tâche des « directeurs ».

Les « belles impures » du XVIIIe siècle, les femmes de théâtre surtout n'avaient rien de commun avec ce produit prosaïque et fade de la galanterie moderne qu'on dénommait hier « la cocotte » et qu'on appelle aujourd'hui « l'horizontale ». Souvent bien élevées et, dans tous les cas, toujours frottées aux belles manières, instruites parfois et parlant plusieurs langues, musiciennes consommées, reines de la mode qu'elles dirigeaient avec un goût exquis, elles n'étaient jamais déplacées dans la société des gentilshommes, des écrivains et des artistes au milieu desquels elles vivaient.

Voltaire à quatre-vingt-deux ans se faisait porter chez Sophie Arnould, et traçait un madrigal sur son buste. Chateaubriand, tout obsédé des rêveries des bois de Combourg, croyait voir dans la Saint-Huberty l'incarnation de son rêve, et Bonaparte écrivait pour la même artiste les seuls vers qu'il ait probablement jamais rimés. Un charme très subtil et très fort émanait de ces courtisanes qui n'étaient pas des filles, malgré la liberté de leurs mœurs et de leur langage, et qui avaient l'esprit de la beauté et la beauté de l'esprit.

C'était à qui se ruinerait pour elles. Elles ne triomphaient pas seulement sur la scène; elles étaient l'ornement et la joie de ces soupers si fort à la mode depuis la Régence, où les grands seigneurs, les abbés de cour, les financiers, les hommes de lettres se rencontraient librement, laissant de côté toute étiquette, heureux de se mêler dans la joyeuse promiscuité du plaisir.

Pour être plus libre encore, on avait inventé la maison des champs, les « Folies » ou les « Petites-Maisons » comme on disait. C'était une véritable fureur; un homme tant soit peu dans le mouvement se serait cru perdu de réputation s'il n'avait pu se payer quelqu'un de ces « vide-bouteilles » où l'on menait joyeuse vie avec des amis de son choix, où l'on goûtait si délicieusement le plaisir de déposer comme un harnais fatiguant le souci du décorum et l'apparat de l'existence officielle.

Les plus grands personnages, les princes du sang eux-mêmes, donnaient le ton à la mode nouvelle.

Le comte d'Artois avait Bagatelle, où il supportait difficilement d'être écrasé par le luxe de son voisin de Neuilly, le trésorier de la marine Saint-James, dont la « Folie » était célèbre. Le duc d'Orléans désertait volontiers le Palais-Royal pour s'isoler à Bagnolet avec Marquise. Le duc de Chartres invitait à de joyeux soupers, au n° 2 de la rue Blanche, le duc de Lauzun, le duc de Fronsac, Fitz-James, Conflans, le marquis de Clermont et le comte de Coigny.

Le duc de Richelieu, ce chevronné de la galanterie et de l'amour, qui ne craignit pas de se remarier à quatre-vingt-quatre ans, avait non loin de là, au 5 de la rue de Clichy, sa « Petite Maison », avec quatre sorties sur la rue Blanche. Dans la même rue de Clichy se trouvait la *Folie La Bouexière*, qui appartenait au fermier général de ce nom et que l'on renommait pour la splendeur et la nouveauté piquante de ses jardins. Un rapport de police constate que, dès 1752, il y avait à Montmartre (canton de la Barrière Blanche) quarante-deux Petites-Maisons ou Folies. Les cantons du Roule, de Passy et de Chaillot, en comptaient ensemble trente et une (1).

Les financiers donnaient surtout dans les Folies, qui étaient moins des maisons de galanterie proprement dite que de somptueuses maisons de campagne, où la vanité des traitants se plaisait à entasser toutes les merveilles de l'art en même temps qu'à combiner toutes les excentricités de la fantaisie.

On ne venait pas à Paris sans visiter la fameuse chartreuse de Chaillot, dont Beaujon, le banquier de la cour, avait fait une merveille. C'était une des curiosités de la capitale, au même titre que les palais, les églises, la place Louis XV, le Colisée, le théâtre de Nicolet, d'Audinot ou le cabaret de Ramponneau.

« On fait queue chez le financier pour obtenir de

(1) V. dans « le Vieux Montmartre » une étude très documentée de M. Gaston Capou sur les « Petites Maisons de Montmartre ».

Folie-la-Bouexière : rue de Clichy. — Les jardins.

ces billets que l'on distribue en son nom de fort bonne grâce, et qui permettent de visiter ces demeures à côté desquelles certaines résidences royales paraîtraient mesquines et resserrées.... (1) »

On allait également visiter les merveilleux jardins de Tivoli, situés dans la rue de Clichy, non loin de la Folie-la-Boucxière, et dont le propriétaire, l'intendant des Finances Boutin, possédait déjà le magnifique château des Loges ou de la Source, près d'Orléans.

« Nous sommes allés avant déjeuner, écrit Mme d'Oberkirch, visiter les jardins de M. Boutin, que le populaire a qualifiés de Folie-Boutin et qui est bien une folie. Il y a dépensé ou plutôt enfoui plusieurs millions. C'est un lieu de plaisirs ravissants, les surprises s'y trouvent à chaque pas, les grottes, les bosquets, les statues, un charmant pavillon meublé avec un luxe de prince. Il faut être roi ou financier pour se créer des fantaisies semblables. Nous y prîmes d'excellent lait et des fruits, dans de la vaisselle d'or. »

Certains financiers préféraient les environs de la capitale. Bouret, le fermier général, achetait de Pâris-Duverney la terre de Croix-Fontaine, attenant à la forêt de Sénart. Il appelait à lui les

(1) *La Vie privée des Financiers au* XVIIIe *siècle*, par H. Thirion.

artistes célèbres, l'architecte Carpentier, les sculpteurs Tassaërt et Guyart, et il en faisait une demeure incomparable.

Il y avait à Croix-Fontaine une pièce qui dépassait toutes les autres en somptuosité : c'était la chambre à coucher de Louis XV, où Louis XV, d'ailleurs, ne daigna jamais pénétrer. L'image du Roi s'y rencontrait à chaque pas et sous toutes les formes. Pour trouver un distique qui servît d'inscription à l'une d'elles, à un marbre de Tassaërt, Bouret poursuivait de ses obsessions les hommes de lettres, Voltaire en tête, qui lui répondait en le criblant d'épigrammes et en le couvrant de ridicule.

Helvétius achetait de Fayon, la superbe terre de Voré, où il se retirait pour écrire tranquillement l'*Esprit* et le *Bonheur*. Le financier-philosophe dépensait là, mais uniquement dans ses ouvrages, tout le libéralisme dont il était susceptible. Sa férocité contre le braconnage était telle que les paysans et les voisins l'avaient en exécration, et qu'il n'osait, nous dit Diderot, « aller tirer un lapin sans un cortège qui fasse sa suite ».

Ce précurseur de la Révolution était également, comme on le voit, le digne précurseur des banquiers juifs contemporains, qui ont racheté et modernisé la plupart des anciennes Folies, et dont les gardes-chasses n'hésitent jamais à tuer un paysan pour protéger la vie d'un faisan....

On citait encore parmi les Folies, le château de Méréville, à La Borde, avec « ses rochers surplombants, ses étroits défilés reliés par des ponts suspendus pleins de hardiesse, et des simulacres de torrents qui en faisaient une petite Suisse » ; la « Chevrette » avec ses soirées où les écrivains célèbres, Duclos, Saint-Lambert, Grimm, Rousseau, Diderot, Galliani avaient pour partenaires M^mes d'Épinay et d'Houdetot, avec son théâtre de société où l'on jouait *Zaïre*, *l'Engagement téméraire*, *l'Oracle*, la *Partie de chasse d'Henri IV* ; — la maison de la Briche, résidence de M. et de M^me d'Houdetot, petite, mais si adorablement sauvage avec « ses pièces d'eau immenses, escarpées par les bords, couvertes de joncs, d'herbes marécageuses ; un vieux pont ruiné, couvert de mousse, qui les traverse ; des bosquets où la serpe des jardiniers n'a rien coupé ; des arbres qui croissent comme il plaît à la nature, des arbres plantés sans symétrie, des fontaines qui sortent par les ouvertures qu'elles se sont pratiquées elles-mêmes, un espace qui n'est pas grand, mais où on ne se reconnaît pas.... »

Avec cette demeure exquise de rusticité, la Folie Saint-James, que jalousait le comte d'Artois

Folie Saint-James, état actuel, 16, avenue de Madrid, Neuilly.

formait un saisissant contraste. Elle était surtout renommée pour ses serres chaudes « d'une espèce nouvelle, tout-à-fait à jour, entourées et couvertes de glaces, ou du moins de verres très épais. La pompe à feu, une rivière entière, des cascades, des grottes, un rocher énorme, une galerie souterraine tapissée de mousse, des gazons, de la verdure la plus exquise, des bronzes, des marbres, des statues antiques.... »

C'était ici l'artificiel, le génie humain qui rivalisait avec la nature. On peut encore noter dans le même genre le *Désert* ou la Folie-Mouville, située à l'extrémité de la forêt de Marly. L'ordonnance des jardins et du parc était superbe et du meilleur goût, mais son propriétaire avait eu l'idée bizarre de placer l'habitation principale dans la base d'une colonne de 75 pieds de diamètre.

Dans cette colonne, dit la *Correspondance secrète*, « il a pratiqué huit appartements complets dont les jours sont formés dans les cannelures du fust à demi rompu. On s'est extasié sur un pareil tour de force; on a regardé cette idée comme neuve et hardie; la stupéfaction ouvre la bouche bien grande et s'écrie : « Ah! que c'est beau! » La saine critique dit tout bas : « Ah! que c'est bête! (1) »

Ces « Folies », avec la vie de luxes et de prodigalités de toutes sortes dont elles étaient le prétexte, devinrent de véritables gouffres où les grands financiers jetaient les millions sans compter. En quatre ans, de 1751 à 1755, d'Épinay dépensait 1 500 000 livres; Roussel mangeait 12 millions. Dupin de Chenonceaux et son demi-frère Francueil, de sept à huit chacun; Savalette près d'une dizaine, Bouret une quarantaine.

Les filles d'Opéra et les « Danaë » de toutes catégories recevaient leur bonne part de cette averse d'or. Saint-James, vers 1784, entretenait la Beauvoisin sur le pied de 20 000 écus par an, et l'on estimait qu'il lui avait donné, en bijoux et autres effets, de 1 500 000 à 1 800 000 livres. Le fils du ministre Chauvelin n'était pas moins généreux pour

(1) La Folie-Nouvelle existe toujours. Elle appartient aujourd'hui à M. Frédéric Passy, qui l'acheta en 1856.

une demoiselle Minos, petite danseuse des bals de l'Opéra. Son père devait acquitter 1 600 140 livres 19 sols 11 deniers de dettes contractées par le jeune prodigue pour cette princesse de troisième ordre.... (1)

Bien que la nuance fût parfois à peine sensible, les Petites-Maisons, ainsi que nous l'avons dit, différaient un peu des Folies.

Moins prétentieuses et plus intimes, elles visaient moins à satisfaire la vanité qu'à contenter l'amour ou la débauche. Elles étaient les temples de la galanterie et de la volupté, temples discrets, que l'on cachait volontiers aux regards profanes, que l'on s'efforçait souvent de protéger contre l'indiscrète curiosité du dehors en leur donnant des allures de modestie et de simplicité, mais dont l'intérieur était pourvu de tous les perfectionnements du confort, de toutes les séductions du luxe, de tous les raffinements que l'ingéniosité du Plaisir invente pour charmer et pour retenir la Beauté.

Elles sont rares aujourd'hui dans Paris les Petites-Maisons. L'utilitarisme moderne a renversé sans pitié, pour construire des immeubles de rapport, ces nids d'amour depuis longtemps déserts

(1) *La Vie privée des Financiers au* XVIII^e *siècle*, par H. Thirion.

où l'Art avait entassé des chefs-d'œuvre. Au fur et à mesure qu'elles disparaissent, les amis du Vieux Paris, les amoureux du passé vont les revoir pour en fixer l'image avant que n'ait retenti le premier coup de pioche.

Il y a quelques années, en 1891, M. Augé de Lassus donnait, dans le *Bulletin de la Société des Amis des Monuments parisiens*, une charmante et très complète description d'une de ces Petites-Maisons que le percement d'une rue nouvelle allait jeter bas. C'était la Petite-Maison du comte d'Orléans, bâtie en 1775 par l'architecte Bernard Poyet, de Dijon, dans la rue du Montparnasse.

Château de Boulainvilliers.

« L'entrée, écrivait M. de Lassus, affectait une certaine pompe triomphale, avec sa haute grille et son ordonnance dorique, tout cela de très harmonieuses proportions et d'une opulence en quelque sorte contenue. A droite, à gauche, directement sur la rue, les communs tenaient à distance respectueuse, mais cependant à portée du premier appel, les Lisettes fûtées, les Crispins, les Lafleurs, que le maître avait associés aux méditations d'une retraite pécheresse et impénitente.

« Deux larges baies, librement ouvertes et ménagées en de hautes murailles demi-circulaires, répétaient la même perspective de frais ombrages, et deux niches lointaines apparaissaient ainsi encadrées, se reflétant, semblait-il, l'une l'autre aux extrêmes limites de ce gentil domaine. Elles avaient conservé leur base rayée de cannelures ondulantes ainsi qu'un antique sarcophage, mais perdu leur statue, et cependant les grands lierres tombants, les vignes vierges drapaient et consolaient ce triste veuvage.

« La maison ainsi enchâssée et encadrée, complétait, dominait tout un ensemble architectural, et cela reposait, satisfaisait les yeux comme un pur chef-d'œuvre de grâce et d'aimable élégance....

« Une seule porte, deux fenêtres au rez-de-chaussée, trois fenêtres au premier, un seul étage, la fenêtre centrale coiffée d'un fronton; puis une frise, puis une large corniche hardiment projetée, la rayure des bossages marquant les encognures, les arrêtant, les fortifiant, voilà toute la façade....

« Deux cariatides, rehaussées d'un petit perron, encadraient la porte, deux hommes nus, puissamment musclés comme il convient à d'héroïques athlètes, mais pleins d'aisance, non pas succombant sous l'effort ainsi que les douloureux portefaix que le ciseau de Puget a tourmentés si cruellement. Ceux-là prenaient plaisir à leur immobile faction, et le balcon ne leur pesait non plus qu'une corbeille fleurie. Un logis si clément ne voulait la souffrance ni la peine.

Petite-Maison du comte d'Orléans, rue Montparnasse.

« Un vaste bas-relief occupait la frise et promenait tout un cortège d'enfants joyeux. Ces nudités grassouillettes, bosselées de fossettes, bondissantes et trébuchantes, respiraient une grâce peu naïve, mais d'une singulière séduction. Ces enfants-là n'étaient pas les enfants des hommes, ils n'avaient jamais pleuré, ils ne savaient rien que sourire. Le char triomphal, l'attelage enfantin qui semblait relayer les colombes d'Aphrodite, tout cela chantait ainsi qu'une ariette de Grétry ou bien une strophe envolée aux baisers de Dorat.

« La façade postérieure répétait la même ordonnance. La frise répétait ou plutôt continuait les bousculades espiègles des marmousets gaminants, et les petites mains potelées brandissaient des couronnes, et les petits petons s'embarrassaient aux guirlandes retombées.

« Là encore deux cariatides veillaient au seuil du logis, mais des cariatides féminines cette fois, souriantes comme les parterres que le jardin étalait devant elles. Leurs jambes disparaissaient en des gaines étroites, les pieds seuls, sans cothurne ou brodequin, posaient légèrement sur la pierre. Quelques draperies, peu jalouses et comme chiffonnées du zéphyr, laissaient les bras nus se redresser et s'arrondir, sveltes et onduleux ainsi que les anses d'un joli cratère. Un moelleux coussinet atténuait la charge, cependant bien légère, du balcon, et deux visages doucement engageants épandaient un regard qui nous disait d'entrer.

« Trois pièces principales occupaient le rez-de-chaussée : une salle à manger d'une décoration plaisante mais d'un luxe atténué, avec un plafond égayé de quelques peintures et d'aimables profils de femmes nettement détachés au milieu de quelques feuillages et rinceaux au-dessus des portes ; un premier salon beaucoup plus ornementé où les glaces l'une dans l'autre reflétées agrandissaient et multipliaient toutes choses, donnant ainsi au maître du logis, lorsque venait galante compagnie, l'illusion d'un harem, ajoutant à ses plaisirs prochains le mirage des joies lointaines ; enfin un second salon, plus vaste, où l'Olympe cependant semblait tout entier convié.

« Déjà quelques divinités avaient vagabondé au plafond de la pièce précédente et sur les panneaux ; des bocages élyséens, la soudaine apparition de visages rieurs avait commencé la fête promise. Mais ici, dans ce dernier sanctuaire, les musculatures reposées de quelques dieux masculins, de quelques héros galamment francisés, s'étalaient en grisaille aux saillies des corniches, tandis que le plafond relevé, recourbé en coupole, ainsi qu'il convient à un ciel habité des dieux, laissait béante une ouverture ménagée, semblait-il, sur un au-delà rayonnant de lumière et de joie.

« Et l'on aurait dit que les divinités court-vêtues,

l'essaim des amours folâtres, avaient glissé par là, curieux de visiter un logis toujours si gentiment empressé à les recevoir. Quatre colonnes aux volutes enguirlandées, groupées deux par deux, soutenaient la courbe semi-circulaire de l'entablement et donnaient une apparence de temple à ce salon déserté de ses dernières fêtes....

« L'unique étage, superposé à ce rez-de-chaussée, ne présentait que de petits recoins, cachettes mystérieuses, et quelques pièces très simples. Sans doute qu'à l'heure de monter là haut, le maître ne voulait plus rien voir que des yeux qui le regardaient, et le sourire suffisait à réjouir toutes choses.

« Tout cela vide, silencieux, abandonné, restait enveloppé d'un charme adorable.... »

M. H. Thirion, dans son livre si documenté et si intéressant sur la *Vie privée des financiers au* XVIIIe *siècle*, nous décrit une autre Petite-Maison, non plus abandonnée et prête à tomber sous la pioche des démolisseurs, mais animée, vivante et riante, telle qu'elle était à l'époque de sa splendeur. Celle-ci était bâtie rue Plumet; elle appartenait à un de la Haye.

« La façade extérieure sur la rue a été négligée à dessein et semble prête à s'écrouler. Une porte d'entrée toute vermoulue, qu'on a étayée d'un côté, complète l'illusion d'une maison inhabitée.

Lorsqu'on pousse cette porte, on voit une curieuse muraille de terre couverte de tuiles creuses, d'une pauvreté à serrer le cœur. Mais ceux qui sont dans le secret passent ce mur et voient au delà, en face d'eux, une charmille vivace taillée en portique et colonnes où alternent trois statues et deux vases de marbre blanc.

« Une élégante fontaine se détache à droite sur un massif dont le centre est occupé par un groupe de deux naïades caressant une chimère, auquel succède plus loin un autre groupe de sylphe et de sylphide, puis un troisième de nymphe et de satyre. Le tout est à l'abri sous une colonnade de marbre blanc appuyée contre un mur, également de marbre, chargé de délicieux bas-reliefs de Clodion.... »

Dans cette demeure amoureusement cachée

Folie de Chartres, à Monceau.

de financier-artiste, les appartements intérieurs étaient d'exquises merveilles :

« ... Sur le côté droit du deuxième vestibule s'ouvre une salle à manger d'été simulant un bosquet de marronniers. Le jour y tombe en pluie d'or par un vitrage supérieur. Des oiseaux, au plumage éclatant, perchent sur leurs branches, tandis qu'au pied de chaque tronc se pressent des buissons de roses et s'enroulent des sarments de lierre, des tiges souples de campanules roses et bleues. Puis, derrière ces marronniers et leur faisant ceinture, règne une charmille épaisse de jasmin et de chèvrefeuille, qui se reflète et semble s'allonger à perte de vue dans des glaces habilement disposées.

« Un large rocher dissimule l'orchestre de musiciens à cet angle de la salle ; à un autre, murmure doucement une source s'échappant d'une coquille de jaune antique, garnie de gazon de violette. Partout ce sont des eaux jaillissantes qui rafraîchissent l'air. Au moment où les convives prennent place à table, chaque tronc de marronnier s'ouvre pour laisser entrevoir autant de groupes d'un satyre et d'une nymphe portant des girandoles d'or.

« Alors des mains invisibles interceptent le jour, et la lumière vient uniquement de ces girandoles dont les feux se multiplient dans les glaces et sur le pavé de marbre de couleurs variées. Pour compléter ce délicieux ensemble, des chaînes de fleurs, des écharpes d'étoffe légère d'or et d'argent, passent de branche en branche au milieu d'un nombre infini de lustres. »

La chambre à coucher était plus luxueuse encore :

« Une étoffe de soie rose glacée d'argent, sur laquelle on a drapé une mousseline des Indes parsemée d'étoiles et de rosaces d'or, étoffée à son tour dans le bas d'un point d'Angleterre introuvable ailleurs, recouvre le mur en son entier. Des Amours paraissent y fixer le long de la corniche du plafond des écharpes de gaze d'or et d'argent, alors que des guirlandes de roses les réunissent l'un à l'autre.

« Aux fenêtres, des ferrures d'une délicatesse infinie, le vitrage en glace de Bohême, les volets et les persiennes peints par Vien ; de-ci de-là, tenant aux panneaux ou logées dans les angles, des consoles ; sur chacune d'elles, un objet d'art, une pendule, avec groupe de Clodion, une pièce astronomique, des vases vieux bleu, des chats craquelés à faire mourir d'envie les amateurs. Au-dessus de glaces, des ornements de Klingsted. A la voûte, une *Nuit amenant la Lune, suivie des Vices et des Vertus* exécutée par Taillasson.

« Les secrétaires, les commodes, les chiffonniers, la cheminée, telle que le Roi n'en a point de semblable dans aucune de ses résidences, en porcelaine de Sèvres égayée d'une multitude de fleurs, d'oiseaux, de papillons entremêlés dans le plus ravissant désordre. Les bergères, les fauteuils, les chaises volantes, les crapauds en satin rose glacé d'argent et bois de rose et d'ébène.

« Au centre de ce tableau de conte de fées, une coquille immense aux nervures rose, bleu, or et argent, solidement assise au sommet d'une roche de Labrador, de malachite, d'agate, et portant une corbeille tellement remplie de fleurs que les osiers dorés en ont été rompus en divers endroits, par où tombent élégamment des guirlandes de lis, de roses, de pavots, d'œillets, d'anémones; là-dessus une couche; aux quatre coins, sur des piédestaux, les statues du *Silence*, du *Sommeil*, de *Morphée* et de la *Nuit*, qui tiennent d'une main un lampadaire antique, à diverses branches, et de l'autre soutiennent les rideaux et le dôme, d'où paraît tomber un Amour chargé de couronnes. »

Je passe la description du boudoir aux murs tapissés de velours cramoisi, où l'on marchait sur des tapis de renard bleu et de zibeline, où la lumière n'arrivait que discrètement tamisée à travers des glaces de diverses couleurs en forme de nuages; celle de la salle de bains, construite en rotonde, soutenue par des colonnes de marbre blanc qui tranchaient sur un lambris de marbre noir antique, dont la cuve et les degrés étaient de marbre, les robinets d'or et d'argent; celle du jardin, tout plein de rivières, de ponts de marbre, de rochers artificiels, de lacs, de cascades, d'îles, de bosquets, d'arbres rares au milieu desquels surgissaient les groupes et les statues....

Les princesses de théâtre, chanteuses, danseuses ou comédiennes, étaient les reines de ces séjours d'enchantement. On peut appliquer à la plupart des Petites-Maisons ce que dit Marmontel des soupers de La Popelinière, à sa maison de Passy :

« Les premiers talents des théâtres, et singulièrement les chanteuses et les danseuses de l'Opéra, venaient embellir ses soupers. Là, après que de brillantes voix avaient charmé l'oreille, on était agréablement surpris de voir, au son des instruments, Lamy, sa sœur, la jeune Puvigué, la gracieuse Navarre, quitter la table, et, dans la même salle, exécuter les airs qu'exécutait la symphonie.... »

On devine les difficultés de toutes sortes auxquelles dut se heurter Papillon de La Ferté, quand il essaya d'établir un semblant de règle et de discipline dans cet Opéra dont les sujets étaient ainsi fêtés et adulés, et disposaient de protections si puissantes. Lui-même, d'ailleurs, nous l'avons vu, ne poussait point le rigorisme à l'excès ; il était de son siècle et se gardait d'afficher une austérité puritaine qui n'eût servi qu'à le rendre

Maison de Papillon de la Ferté, à l'île Saint-Denis.

ridicule. Tout comme un autre, il avait, dans l'île Saint-Denis, sa Petite-Maison, où plus d'une fois sans doute Dumesnil et Maillard vinrent égayer ses soirées.

Mais les distractions libertines du raffiné n'étouffèrent jamais chez lui les scrupules du comptable. Les gaspillages dont il était le témoin et qu'il ne pouvait empêcher, le désolaient. Et il fallait que ces gaspillages fussent considérables pour que le bilan de l'Opéra se soldât, bon an mal an, par un déficit de 60 000 livres.

L'Opéra, en effet, réalisait à cette époque de brillantes recettes. On le voit, le 2 mars 1784 donner (pour la première fois) une représentation au profit des indigents, et encaisser en une seule soirée la somme de 11 567 livres 10 sous. Son livre de caisse de 1787-88 accuse une recette de un million, ce qui est considérable eu égard à la valeur de l'argent à cette époque. Sur ce million de recettes, la somme faite à la porte se monte à 444 053 livres ; — les loges à l'année sont comptées pour 415 808 livres ; — le produit de douze bals est de 34 059 livres ; — la location du café et des boutiques donne : 2100 livres ; la présence de la reine (une fois) : 240 livres....

La fête allait finir brusquement. Un sinistre coup de tonnerre dispersa brutalement les Amours qui voletaient dans le ciel rose. Gentilshommes, prélats galants, fonctionnaires de la Cour, banquiers, fermiers généraux, actrices et courtisans, tout ce monde du plaisir et de la joie, ce monde des Folies et des Petites-Maisons devait bientôt se rencontrer au pied des charrettes ou sur le chemin de l'exil.

Comme il arrive toujours dans ces grands cataclysmes des sociétés, les innocents payèrent pour les coupables ou furent confondus avec eux.

Quand les gentilhommes de la chambre le plaisantaient sur le tracas qu'il se donnait pour tenir ses écritures à jour et lui demandaient à quoi cela pouvait servir, La Ferté répondait : « Cela peut toujours servir à éviter la Bastille. » Cela ne lui servit pas à éviter la Conciergerie et l'échafaud. Fort, sinon de sa conscience, du moins de sa comptabilité, il s'était parfaitement disculpé aux yeux de Necker en prouvant que si le régime était mauvais, l'instrument était irréprochable. Dès 1790, il semble avoir voulu aller au-devant des récits de plus en plus fabuleux qui couraient sur les prodigalités des dernières années de Louis XV et soumet à l'Assemblée nationale un mémoire détaillé établi d'après 5 à 6000 pièces.

Retiré à Saint-Denis, il s'efforce de fournir

comme on disait alors, ses preuves de *civisme*. L'organisateur des fêtes éblouissantes de Versailles, celui qui a passé une partie de sa vie au milieu des enchantements de ce monde si corrompu, mais si spirituel et si charmant, obtient d'être nommé chef de bataillon de la garde nationale, dont son concierge est capitaine. Il offre à cette occasion un banquet à tout le village. L'intendant des Menus, qui a fait disposer si souvent dans la Galeries des Glaces ces soupers éblouissants où prenaient place les ducs et les duchesses, les cordons bleus, les favoris et les favorites de la veille, du jour et du lendemain, traita cette fois les paysans ses voisins....

Soins inutiles, efforts superflus! Les premiers gentilshommes de la chambre sont morts tranquilles dans leur lit; ce sont des innocents relatifs qui doivent payer pour ceux qui ont perdu cette société.

Dans la séance du Tribunal révolutionnaire du 19 messidor an II (7 juillet 1794), Papillon de La Ferté, âgé de soixante-sept ans, ex-intendant des Menus Plaisirs des tyrans, fut convaincu de s'être rendu l'ennemi du peuple en conspirant contre la liberté et la sûreté et en provoquant par la révolte des prisons l'assassinat et la dissolution de l'Assemblée nationale. Condamné à mort, Papillon de La Ferté fut exécuté le lendemain....

Combien, parmi ces habitués de l'Opéra, dont il avait assuré les plaisirs, le suivirent ou le précédèrent à la guillotine! La feuille d'abonnement de cette époque est une vraie liste funèbre : si elle avait été détruite, on eût pu la reconstituer en grande partie avec les registres d'écrou des prisons de la Terreur ou avec les cahiers du greffe du Tribunal révolutionnaire.

Elle s'ouvre par le nom du maréchal de Noailles qui fut condamné à mort le 9 Messidor an II, — dix jours avant La Ferté, — et qui monta à l'échafaud, à l'âge de soixante-dix neuf ans, ainsi que sa femme, âgée de soixante-dix ans et sa belle-fille, la vicomtesse de Noailles. L'un des derniers noms, parmi les entrées gratuites, est celui de ce vaillant et spirituel Champcenetz, l'un des rédacteurs des *Actes des Apôtres*, qui paya de sa tête ses épigrammes contre la Révolution (1). C'est lui qui, marchant au supplice, criait au prince de Salm dont la charrette précédait la sienne : « Donne donc à boire à ton cocher, le maraud ne va pas! »

Les actrices elles-mêmes, ces reines de l'Opéra, ces triomphatrices de l'Art et de la Beauté qui

(1) Champcenetz avait ses entrées à l'Opéra à cause de son père, le marquis de Champcenetz, gouverneur du Louvre, dont il avait les charges en survivance.

avaient été les idoles de la Cour et de la Ville, ne furent pas épargnées par la tourmente.

Mme Saint-Huberty, retirée du théâtre et devenue la comtesse d'Antraigue, dut suivre son mari dans l'émigration. Après avoir partagé la vie errante et tourmentée de l'énigmatique agent royaliste, elle disparut en 1812 dans un drame mystérieux, assassinée, ainsi que le comte son époux, par un domestique congédié.

Sa rivale, Mlle Maillard, qui lui avait enlevé son rôle de *Didon*, n'échappa à la proscription qu'en faisant violence à ses sentiments royalistes et en consentant à figurer dans les fêtes civiques sous les traits de la Liberté. On vit l'ancienne protégée de La Ferté conduire les cortèges révolutionnaires, montée à califourchon sur un canon; elle fut obligée d'aller en costume de théâtre se faire adorer à Notre-Dame, à côté de la femme du libraire Momo qui représentait la Raison et de Mmes Duchamp et Florigny, de l'Opéra, qui incarnaient l'Égalité et la Fraternité.

Sophie Arnould, vieillie, malade et ruinée, assista à ces mascarades du fond de son ermitage de Rocquencourt-les-Luzarches, qu'elle appelait ironiquement « le Paraclet-Sophie » et où elle vivait à grand'peine des produits de son jardin et de son poulailler.

Celle qui avait été la plus aimable des femmes, celle qui avait allié au charme de Ninon l'esprit de Voltaire, la grande artiste passionnée qui avait

Folie-Romans, rue Gavarni, à Passy, démolie en 1890.

renouvelé la déclamation lyrique, s'était vue réduite peu à peu au rôle de solliciteuse et presque de mendiante. Elle courait les antichambres des puissants du jour pour réclamer les arrérages de pensions qui lui étaient dues, et quand elle frappait à la porte de l'illustre Directeur, François de Neufchâteau, qu'elle avait connu jadis et accueilli chez elle, petit poète crotté venant de sa province, elle entendait une voix impatiente qui grondait :

« Eh, que me veut cette vieille folle! Courez lui dire que je n'y suis pas. »

Par malheur pour le « petit poète métamorphosé en grand seigneur », si la vieille Arnould avait perdu sa voix et sa beauté, elle avait conservé tout le terrible à-propos de son esprit, et elle le prouva sur-le-champ à M. le Directeur :

« L'éclat de sa voix parvint jusqu'à mon fauteuil, l'indignation me saisit; je poussai les portes devant moi et je parus en sa présence : « Je ne « viens point vous reparler du passé, lui dis-je, je « viens vous prier seulement d'empêcher que je ne « meure dans un hospice; le présent vous appar- « tient, mais l'avenir n'appartient à personne : « accordez-moi, s'il vous plaît, la pension qu'allait « me donner la Cour, si vous ne l'aviez renversée. « Au demeurant, Monsieur le Directeur, je ne suis « point folle par le nombre de mes années : ce fut « dans ma jeunesse que je l'étais. »

Et il faut l'entendre conter comment elle avait hospitalisé dans sa maison, où les grands seigneurs et les beaux esprits se disputaient l'honneur d'être reçus, le « petit François » arrivant de son village avec un quatrain de Voltaire pour elle en guise de recommandation.

« François, assez mal vêtu et d'une tournure villageoise, vint me rendre ce quatrain, auquel il joignait ses civilités. Sa gaucherie n'était pas incurable, car il avait un très vif penchant pour les femmes et pour les femmes de théâtre surtout.

« Nous reprîmes ce jeune talent en sous-œuvre, et j'en décidai la reconstruction; je lui appris (en assez peu de temps) des quantités de choses, et je

La Folie-Beaujon, rue Balzac, démolie en 1890.

le dégoûtai, à force de moqueries, de ces fadeurs insignifiantes et de ces phrases de longue haleine dont le ridicule ne l'avait pas encore frappé; son accent montagnard et sa voix bruyante blessaient mon oreille : je lui appris d'abord à se taire, et quelque temps après à parler bas. Il mit de temps en temps des essais plus ou moins parfaits aux concours annuels de l'Académie française et des provinces. Il remporta des prix et me fit hommage de ses médailles académiques, me déclarant à moi-même que nous remportions ces prix-là en commun.

« Ma jeunesse s'éloignait à grand pas, la sienne était à sa floraison. Il osa soutenir qu'il m'aimait, et mon bon sens n'en voulut rien croire; il me protestait alors que je lui faisais injure : la suite a prouvé qu'il n'était qu'un menteur et que j'avais plus d'esprit encore qu'il ne m'en croyait.... »

François de Neufchâteau prouva du moins que, sans avoir l'esprit de Sophie, il en avait assez pour se repentir. Il rougit de son ingratitude, il eut honte de sa grossièreté, et il fit ce qui dépendait de lui pour alléger l'infortune de la grande artiste. Mais celle-ci se heurta à l'inertie des bureaux; elle souffrit jusqu'à l'exaspération de leur passivité, de leur mauvais vouloir. Sans l'affection de quelques derniers amis restés fidèles et qui n'étaient plus bien riches, eux non plus, l'actrice la plus célèbre et la plus spirituelle du XVIIIe siècle serait probablement morte de faim.

Sophie Arnould, qui avait tout d'abord montré du goût pour les idées nouvelles, s'est vengée de cet abandon en laissant une série de lettres, d'une verve étincelante, qui sont d'admirables satires contre la Révolution.

« Ah! mon Dieu! écrivait-elle, que l'espèce humaine est une vilaine engeance! que tous ces mirmidons-là sont de drôles de polichinelles, quand ils sont sur des tréteaux qui les élèvent un peu plus haut que les autres!... Je parie que ces sots-là se croient des personnages à jouer un rôle, quand ils ne jouent que la farce, et quelle farce encore!...

« ... Si je pouvais chanter encore, je chanterais bien comme Lise, dans je ne sais quelle pièce de cette comédie italienne :

Ça ne devait pas finir par là,
Puisque ça commençait comme ça.

« Ah! mon ami, il vous souvient peut-être de ce temps-là : c'était le bon temps au moins! il y avait des esclaves à la vérité, mais ils étaient les nôtres, au lieu qu'aujourd'hui nous avons des cochons; et tenez, mon ami, soit dit entre nous, je n'aime pas du tout ce genre; je n'y trouve pas le mot pour rire.... »

Quelle actualité piquante dans ces lignes écrites il y a près d'un siècle! Si l'on peut trouver que Sophie Arnould y montrait trop de tendresse pour le siècle où elle a brillé, on ne dira pas au moins qu'elle se trompait en disant la bonne aventure au siècle qui commençait....

# Le Duc de Saint-Simon

## et ses papiers

---

Saint-Simon m'est particulièrement cher. Il me rappelle, en dehors de nobles plaisirs littéraires, des notes psychologiques piquantes sur ce petit monde officiel qui vit d'une manière tout à fait chinoise dans un domaine qui appartient à l'État, c'est-à-dire à tous.

Pendant de longues années, on le sait, les archives des ministères ont été à peu près interdites au public. Demander à entrer là-dedans, c'était presque commettre un sacrilège. Des hommes qui aimaient leur repos s'étaient installés là et ne laissaient pas pénétrer dans le Saint des Saints. Tout cela se faisait noblement, solennellement, avec une mise en scène d'huissiers et des attitudes graves qui intimidaient les plus hardis.

Quand on s'est approché et qu'on a cherché ce qu'il y avait sous ce majestueux décor, on s'est aperçu que le plus effroyable gâchis régnait partout. Ces archives, dont la porte était plus difficile à franchir que l'entrée du jardin des Hespérides, étaient livrées au pillage. M. de Flammermont a publié, sous ce rapport, des révélations écrasantes, et prouvé jusqu'à l'évidence que la plupart des belles pièces qui passaient dans les ventes d'autographes depuis cinquante ans, provenaient des dépôts de l'État.

On assiste à des spectacles analogues en province. Un officier ministériel rigide, glacial d'aspect, ne riant jamais, file tout à coup en Belgique laissant un déficit de 5 à 600 000 francs. Comment cela est-il arrivé? Comment se fait-il qu'on n'ait rien vu? C'est ainsi. A côté du Vice expansif et franc, qui met chacun sur ses gardes, il y a le Vice silencieux, cravaté de blanc, triste, rébarbatif, taciturne que personne n'a jamais songé à peindre. A côté du Chicard remuant sans cesse les bras et les jambes, il y a le notaire qui ne lève le pied qu'une seule fois, pour partir.

C'est ce caractère même qui, pour un Taine de l'avenir, différenciera la fin de l'ancien monde et la fin du monde particulier, moitié restauré, moitié créé par Napoléon Ier et qui s'en va en débris sous nos yeux. L'ancien régime a sauté bruyamment comme les bouchons de Champagne dans les joyeux soupers, comme les oranges que la

Dubarry faisait danser devant Louis XV entre ses mains potelées; le régime qui date de 89 se putréfie sourdement. Les abus même ne crient plus, ils rongent lentement; à l'explosion d'autrefois a succédé la dissolution progressive.

Cette incurie pompeuse, qui donnait le change et fut la cause déterminante de nos défaites pen-

A Versailles.

dant la dernière guerre, se retrouvait partout. Durant d'innombrables années, des fonctionnaires à 20000 francs d'appointements, commandeurs de la Légion d'honneur, honorés comme des demi-ministres, ont été logés, chauffés, éclairés au ministère des Affaires étrangères; ils n'ont pas rendu au pays le service que rend à son patron un employé à 1500 francs; ils n'ont pas dressé un inventaire des Archives.

Que faisaient-ils? Ils se rôtissaient les tibias devant ces bûches corruptrices que vous voyez s'amonceler en piles énormes dans les cours ministérielles au commencement de l'hiver; ils lisaient le *Journal officiel* et disaient des riens avec dignité.

L'histoire de la séquestration et des pérégrinations des papiers de Saint-Simon est intéressante comme un roman d'aventures. Rien n'est symbolique comme la claustration séculaire de cette œuvre géniale où l'on sent bouillonner tant de passion contenue, tant de colères refrénées. L'ombre du « petit duc à l'œil perçant », comme l'appelait Sainte-Beuve, a dû souffrir de cet étouffement posthume presque autant que Saint-Simon lui-même avait souffert sa vie durant d'avoir à comprimer ses mépris et ses haines....

Saint-Simon meurt le 2 mars 1755, dans son hôtel de la rue de Grenelle (1), qui fait le coin de la rue de Bellechasse. A peine a-t-il rendu le dernier soupir, que Me Grimperel, avocat au Parlement, conseiller du Roi et commissaire au Châtelet, suivi de tout un cortège d'hommes de loi, accourt au domicile du défunt. Saint-Simon, en effet, différent en ceci des hommes d'aujourd'hui pour lesquels les hautes fonctions ne sont qu'une occasion de s'enrichir, mourait couvert de dettes, et les créanciers tenaient à prendre leurs précautions sans perdre de temps.

(1) Saint-Simon habitait l'hôtel de la rue de Grenelle depuis le mois de mai 1750. Il n'en était que le locataire et le tenait à bail de «Messire Pierre Desmaretz, prestre du diocèse de Paris, bachelier de Sorbonne, etc. » Le prix de location annuelle était de 4,800 livres.

Voici les différents domiciles de Saint-Simon à Paris. Il naquit le 16 janvier 1675, dans l'hôtel de la rue des Saints-Pères qui porte aujourd'hui le no 48. Il se maria, le 8 avril 1695, à l'hôtel de Lorges, rue Neuve-Saint-Augustin, en face de la rue Gaillon, hôtel disparu en 1780. A l'époque du Conseil de Régence, il habitait rue Taranne, puis, en 1716, rue Saint-Dominique, près des Jacobins. Ce fut à cette époque qu'il habita une grande maison de cette rue, vis-à-vis le couvent de Bellechasse, maison qu'il vendit en 1739. Il habita alors la rue du Cherche-Midi, puis, en 1750, l'hôtel de la rue de Grenelle, où il mourut.

En province, en dehors du château de la Ferté-Vidame, qui fut sa résidence de prédilection et qui passa en 1761 aux mains du fermier général Jean-Joseph de Laborde, Saint-Simon possédait les terres et seigneuries de Blaye, de Ruffec, Saint-Simon, Chauvallon et Verrière.

A la requête de Me Grimperel, on lui montra sur un lit à bas piliers tendu de damas jaune un *corps mort* qu'on lui dit être celui de Monseigneur le duc de Saint-Simon. Gêné peut-être par le voisinage de ce terrible témoin, Me Grimperel fit transporter le corps sur un petit lit de camp, dans une salle sur la cour, qu'on nommait la *salle du dais*, tendue d'une tapisserie représentant Aman et Mardochée; la pièce était ornée des portraits de Louis XIII, de l'abbé de Rancé, du maréchal de Lorge, de Philippe V et de la princesse des Ursins. L'impitoyable conteur des disgrâces de la Cour, qui avait vu l'écroulement de tant d'Amans superbes, passa sa première nuit en compagnie des personnages de cette *Comédie humaine* de l'ancien régime, qu'il avait montrés si souvent parlant, agissant, complotant.

Tandis qu'il s'entretenait de son œuvre avec ces portraits, qu'il avait refaits d'une plume autrement colorée que tous les pinceaux, la vie réelle entrait chez lui et apparaissait sous ses aspects les plus vulgaires. La foule ameutée avait empli de ses cris de colère les abords de l'hôtel, où Colbert agonisant, éperdu et saisi d'indicibles terreurs, avait refusé de recevoir l'envoyé du roi. Les badauds rieurs et les commères dédaigneuses s'étaient entassés sur le passage du cortège qui, à la nuit tombante, conduisait furtivement le cercueil de Molière au cimetière Saint-Joseph. Peu s'en fallut que les créanciers accourus n'empêchassent Saint-Simon de rejoindre dans la tombe de la Ferté-Vidame, celle qui avait été la compagne bien-aimée de ses jours mortels. Fort heureusement cette troupe était si nombreuse qu'on avait dû lui désigner un chef, Me Gérardin, procureur du Syndicat des créanciers.

Église de La Ferté-Vidame, où fut inhumé Saint-Simon.

Le duc de Saint-Simon alla dormir l'éternel sommeil dans l'église de ce château de la Ferté-Vidame, où il venait chaque année se recueillir au printemps et à l'automne et où il écrivit sans doute ses plus admirables pages, sur la petite table de merisier couverte de maroquin noir. « *Je veux,* avait-il dit dans son testament, *que de quelque lieu que je meure, mon corps soit apporté et inhumé dans le caveau de l'église paroissiale dudit lieu de la Ferté, auprès de celuy de ma très chère espouse et qui soit fait et mis anneaux, crochets et liens de fer qui attachent nos deux cercueils si étroitement ensemble et si bien rivés qu'il soit impossible de les séparer l'un de l'autre sans les briser tous deux.* »

En 1794, les habitants de ce village que Saint-Simon avait comblés de bienfaits et dans lequel ce grand seigneur, mort presque insolvable, avait fondé un hospice, songèrent à troubler le repos de ce mort illustre et, après avoir brisé les deux cercueils, ils jetèrent les ossements du duc et de la duchesse dans la fosse commune.

Louis XIV à Saint-Denis, et l'implacable historien du grand règne, à la Ferté-Vidame, se trouvèrent à peu près à la même date réunis dans les mêmes outrages....

Saint-Simon avait fait don de ses manuscrits à celui qu'il appelle dans une de ses lettres son troisième fils, à son cousin l'évêque de Metz, qui, n'étant encore qu'abbé de Saint-Simon, l'avait accompagné lors de son voyage en Espagne. La clause du testament relative à ce legs était ainsi conçue : « *Je donne à mon cousin, M. de Saint-Simon, évêque de Metz, tous mes manuscrits tant de main qu'autres et les lettres que j'ai gardées pour diverses raisons desquelles je proteste qu'aucune ne regarde les affaires de mes biens et maisons.* »

Aux papiers qui se trouvaient dans l'hôtel de la rue de Grenelle étaient venus s'ajouter ceux que Me Grimperel et les hommes de loi envoyés au château pour compléter l'inventaire avaient recueillis dans le chartrier de la Ferté.

Ces papiers avaient été mis dans une caisse clouée, entourée de cordes et scellée, puis confiés au sieur Poton, huissier-priseur, qui devait les rapporter à Paris.

Dès le début, les mésaventures commencèrent pour ces fameux papiers. La caisse attachée à la berline, faillit se rompre aux environs de Neauphle; on alla au pas jusqu'au relais de Neauphle et là, le sieur Poton s'apercevant que la caisse brisée ne pouvait plus servir, prit le parti de mettre les papiers dans un sac.

Ce fut en cet état que les manuscrits arrivèrent rue de Grenelle.

Quelques contestations se produisirent au sujet de la prétention de l'évêque de Metz d'être présent à l'inventaire. Ensuite un conflit s'éleva sur l'attribution des papiers eux-mêmes. Bien que le lieutenant civil eût reconnu que ces documents ne renfermaient rien, sauf une quittance, de relatif aux affaires de famille, les créanciers élevèrent des prétentions sur les manuscrits, et le sieur Gérardin, procureur du syndicat, fit opposition, en leur nom, à la délivrance du legs. En conséquence, le lieutenant civil dut prendre des mesures pour placer en lieu sûr ces papiers, en attendant qu'il fût statué sur le fond.

Le 2 juillet, il fut fait comme il était dit; ces manuscrits furent entassés dans cinq grandes caisses fermant chacune par trois serrures ou cadenas et à trois clefs différentes.

Me Delaleu, chargé de garder les caisses, les fit transporter chez lui, rue Sainte-Croix-de-la-Bretonnerie.

Les procès à toutes les époques ont duré longtemps; au XVIIIe siècle, ils duraient toujours. L'évêque de Metz mourut le 29 février 1760, sans être en possession de son legs; et le 21 décembre 1760, Me Delaleu voyait entrer chez lui

M. Le Drau, chef du Dépôt des archives des Affaires étrangères, qui lui présentait un papier conçu en ces termes :

« *Par ordre du Roi.*

« Sa Majesté étant informée que les *manuscrits* trouvés chez M. le duc de Saint-Simon, lors de son décès, la plupart desquels concernent le service du Roi et de l'État, ont été renfermés dans plusieurs caisses, ordonne que sur la simple représentation du présent Ordre et nonobstant toutes oppositions faites ou à faire, lesdites *caisses* et *manuscrits* en l'état où ils sont, ensemble les clés desdites caisses, seront remis au sieur Le Drau, premier commis du Dépôt des Affaires Étrangères, et ce, sur la simple reconnoissance qu'il en donnera.

« Enjoint au sieur Delaleu, notaire, et à tous autres dépositaires desdites *caisses* et *manuscrits*, de se conformer au présent Ordre.

« Fait à Versailles, le 21 décembre 1760.

« LOUIS.

« CHOISEUL. »

M. Le Drau avait reçu en outre de M. de Choiseul la lettre suivante :

« Monsieur,

« Les manuscrits trouvés au décès de M. le duc de Saint-Simon ont été enfermés lors de la levée des scellés dans plusieurs grandes caisses et laissés en dépôt au sieur Delaleu, notaire. Comme ils concernent les *Affaires du Roi* et l'*Ambassade d'Espagne* de feu M. le duc de Saint-Simon, je joins ici l'*Ordre du Roi* pour les retirer.

« Lorsque ces manuscrits seront au Dépôt, vous me les ferez passer caisse à caisse pour les examiner et prendre une idée de ce qu'ils renferment.

« 21 décembre 1760.

« DUC DE CHOISEUL. »

Ici commence la longue captivité de l'œuvre de Saint-Simon et aussi la période des indiscrétions furtives et des copies tronquées. Les manuscrits du duc n'avaient échappé à la garde des notaires, à la tutelle des officiers publics et civils et de tous les gens du présidial que pour être enfermés dans les casiers des Archives diplomatiques où seuls quelques privilégiés purent glisser un indiscret coup d'œil.

L'abbé de Voisenon, l'abbé badin, l'habitué de la Société du *Bout de Banc*, le collaborateur de Caylus pour les *Fêtes roulantes et les Regrets des petites rues*, fut le premier qui connut le génie si longtemps caché du pamphlétaire et le secret de ces colères si péniblement contenues. Marmontel, Duclos, en leur qualité d'historiographes de France, furent autorisés à consulter les *Mémoires*, et bientôt des extraits en coururent partout.

Soulavie, après la publication, sous le titre de *Galerie de l'Ancienne Cour*, d'un recueil d'anecdotes et de portraits tirés des *Mémoires* de Saint-Simon, mit en vente, en 1788, trois volumes composés de fragments mutilés qu'il intitulait impudemment : *Mémoires de M. le duc de Saint-Simon, ou l'observateur véridique sur le règne de Louis XIV et sur les premières époques des règnes suivants.*

Lemontey fut un des derniers qui eurent communication des manuscrits ; il écrivit son *Histoire de la Régence* avec les papiers du duc sous les yeux.

Ce ne fut qu'en 1819 que le général marquis de Saint-Simon obtint de Louis XVIII la remise du manuscrit des *Mémoires*. Le directeur des Archives, M. d'Hauterive, trouva moyen de retarder de quelque temps la restitution de ce manuscrit ; il n'en rendit d'abord qu'une partie, et enfin finit par s'exécuter en 1828. C'est alors que parurent les éditions complètes des *Mémoires* qui nous ont révélé le plus original des historiens français.

Un peu plus tard, sous la direction de M. Mignet, qui fut clémente pour les lettres et honorable pour les Archives, on publia le journal de Dangeau avec les additions de Saint-Simon. Puis ce fut la période de l'étouffement complet. A partir de 1848, pas une ligne de Saint-Simon ne sortit des Archives.

N'a-t-elle pas vraiment quelque chose d'étrange

cette claustration séculaire de l'œuvre du duc, enfermée dans les hôtels successifs du ministère des Affaires étrangères, et déménageant chaque fois que les Archives changeaient de local? Déposée au vieux Louvre en 1760, on l'emporte, en 1763, à Versailles dans les charmants bureaux aménagés par le duc de Choiseul; elle revient à Paris, en 1792, à l'hôtel de Galliffet; puis, en 1796, à l'hôtel de Maurepas; en 1822, elle prend, en même temps que le ministère, possession de l'hôtel de la rue des Capucines, près l'hôtel de Wagram; enfin, en 1853, elle est définitivement cloîtrée au quai d'Orsay, où M. Drouyn de Lhuys installe ses services et où il donne sa première signature le 5 septembre....

Pour comprendre quelque chose à cet étouffement d'une œuvre géniale, il faut savoir ce qu'était le ministère des Affaires étrangères sous l'ancienne monarchie. Il existait alors un ministère tout différent de ce qu'il est aujourd'hui et qui était comme un sanctuaire impénétrable gardé par des hommes qui ne portaient pas même le titre de Directeurs, mais qu'on appelait simplement « Premiers commis », parce qu'ils donnaient des ordres et des instructions aux « commis » qui travaillaient dans leurs bureaux; ce sont ces laborieux et ces humbles qui ont fait dans leur obscurité modeste la politique de la France pendant des siècles.

M. Frédéric Masson les a peints sur le vif, dans son livre sur le *Département des Affaires étrangères*, ces braves « commis » qu'on nommait vulgairement des « Bouleux » parce qu'on leur trouvait une certaine ressemblance avec ces gros chevaux de fatigues, qui ne font pas d'embarras ni de pétarades, mais qui d'un coup de collier enlèvent l'ouvrage.

Ancien ministère des affaires étrangères, rue des Capucines.

Les « Bouleux » n'étaient pas nombreux. Le département politique comprenait en tout et pour tout vingt-trois employés de tout grade qui coûtaient à l'État 153 350 livres. Il y avait, en outre, le cabinet du ministre, avec trois secrétaires ; le bureau des fonds, avec huit employés, et les

Archives qui en avaient sept : au total quarante et un employés qui suffisaient à mener à bien tout le travail diplomatique à une époque où la France était la reine des nations.

Les « Bouleux » étaient-ils donc des hommes d'un génie exceptionnel? Mon Dieu, non. Recrutés pour la plupart dans la petite bourgeoisie, c'était des hommes d'intelligence moyenne et d'ambition modeste, proportionnée à la médiocrité de leur naissance; seulement ces hommes avaient une méthode et une tradition.

Tout le personnel travaillait sous l'œil même du ministre. Le ministre connaissait chacun des employés, les voyait à toute heure, les recevait lorsqu'ils frappaient à la porte de son cabinet. Le Roi lui-même savait qu'ils existaient; ils les tenait en haute estime, s'intéressait à leur famille, leur accordait ses grâces, augmentait leurs traitements, et, au jour de leur retraite, les gratifiait d'une pension qui leur permettait de bien achever leur vie.

Aussi les « Bouleux » se considéraient-ils comme faisant partie de la maison du Roi. Ils constituaient une sorte de domesticité royale, domesticité supérieure, profondément intelligente et dévouée.

« Ils avaient gardé, nous dit M. F. Masson, cette

quasi-intimité qui les faisait de la maison, les attachait à la royauté non tant par les charges qu'ils occupaient et les gages qu'ils recevaient, que par ce lien plus puissant de subalternité, de domesticité (les domestiques du Roi étant les premiers du royaume), qui leur faisait regarder l'intérêt de la maison comme leur propre intérêt, l'accroissement de la patrie comme leur propre accroissement, et le triomphe de la politique qu'ils servaient comme leur triomphe personnel. Domestiques du Roi, ils voulaient la grandeur de la royauté, comme ces bons serviteurs de l'ancien temps qui travaillaient à la fortune de la famille qui les nourrissait. »

Ces hommes avaient, naturellement, les défauts de leurs qualités. Conscients de leur valeur, ils avaient l'orgueil de leurs services, et ils ne se laissaient pas marcher sur le pied. C'est ainsi que lorsque le duc de Choiseul voulut retirer aux employés inférieurs l'usage des chiffres, ceux-ci ne craignirent pas de hausser le ton, et le ministre, tout-puissant qu'il fût, dut rapporter la mesure.

Autre conséquence inévitable d'une semblable organisation : le personnel des affaires étrangères formait une caste à part, une grande famille où les nouveaux venus n'étaient pas toujours regardés d'un bon œil. A plus forte raison, les curieux, les indiscrets, les chercheurs étaient-ils l'objet de la malveillance générale. Le Dépôt des Archives ne ressemblait d'ailleurs en aucune façon à ce qu'il est aujourd'hui; fondé pour l'utilité exclusive de l'État, il était assez naturel qu'il ne livrât pas volontiers ses secrets aux littérateurs et aux historiens non officiels. Sa raison d'être était de fournir aux ministres des précédents, aux ambassadeurs des instructions, à tous les employés de la politique des renseignements sur les questions actuelles. Tout étranger aux bureaux pouvait donc, à juste titre, être considéré comme un intrus....

Par quelle étrange aberration nos modernes bureaucrates étaient-ils arrivés à ne conserver que le côté purement formaliste d'une tradition dont ils avaient cessé de comprendre l'utilité et la grandeur?

C'est l'éternelle histoire des gens qui confondent la lettre avec l'esprit. Toutes les institutions périssent par là. Avec le temps, il ne reste plus que l'apparence, le simulacre, le côté des formes, des rites : l'idole en bois doré figure le dieu absent, et la superstition remplace le culte. Le premier commis, utile et modeste, qui mettait toute sa vie dans sa fonction, devient le directeur pompeux et arrogant, qui ne se contente pas de toucher des appointements magnifiques autant que peu justifiés, mais qui prétend en outre abuser de son titre pour jouer au potentat, pour tyranniser et embêter tout le monde.

Ce qu'on a vu, à ce propos, au ministère des Affaires étrangères est quelque chose d'inénarrable.

Un sous-directeur, M. Dumont, resta là trente-trois ans, se cachant comme le bourreau, défendant aux garçons de bureau de révéler où il était.

Invisible, solitaire, inaccessible à tous, il s'enfermait pour dénaturer les séries, pour créer des classifications artificielles, pour combler les routes qui eussent conduit les travailleurs quelque part, pour mettre des culs-de-sac là où il y avait des avenues. Il brouillait les papiers diplomatiques comme on brouillerait un dictionnaire dont on intervertirait toutes les pages et tous les mots.

L'anecdote typique en ce genre est celle qui eut pour héros M. Cintrat. M. Cintrat lutta cinq ans avant de consentir à communiquer le traité des Pyrénées (7 novembre 1659).

M. Dussieux, professeur d'histoire à Saint-Cyr, avait demandé à voir ce traité, et tous les ministres qui lui promettaient leur concours pour cette importante affaire lui craquaient successivement dans la main. Un ministre qui avait accordé l'autorisation disparut; un second promit également, et au moment où après de longs pourparlers, la direction des Archives allait s'exécuter, il fut frappé de disgrâce. Enfin, un troisième ministre s'occupa de la chose, manifesta quelque velléité d'énergie, et M. Cintrat fit venir M. Dussieux dans son cabinet, non pour communiquer encore le traité, mais pour le montrer.

« Le voilà, dit-il ; quel article vous intéresse ? »

Il tenait prudemment le traité à l'envers et n'en laissait voir que la dernière page.

Soudain M. Dussieux prend son chapeau et s'élance dans l'escalier.

« Monsieur, monsieur, s'écria M. Cintrat furieux et blessé dans sa majesté.

— Merci ! je n'ai plus besoin de rien, répond l'écrivain dans l'escalier ; j'ai ce qu'il me faut. Le traité est imprimé partout.... »

Effectivement, M. Dussieux, qui s'occupait de démêlés relatifs aux préséances entre les ambassadeurs de France et d'Espagne, avait voulu seulement savoir dans quel ordre les plénipotentiaires avaient signé, et il l'avait constaté par la dernière page....

M. Cintrat trouva un émule digne de lui dans la personne de M. Prosper Faugère, qui s'était réservé la propriété des papiers de Saint-Simon, et qui refusait à tous l'autorisation non point d'en prendre copie, mais de les consulter, de les regarder même. Aux pauvres savants qui arrivaient l'œil plein d'interrogations, il ne daignait même pas dire si ces papiers existaient.

Des hommes éminents étaient obligés de supporter cela, et ils le supportaient, parce qu'il y a

en France une faculté toujours disponible de subir et d'être victimes. M. de Boislisle quand il commença sa magistrale édition des *Mémoires* ne pouvait, même avec l'appui de la maison Hachette, avoir l'autorisation de vérifier certains textes. Tout ce que les Hachette avaient pu obtenir, c'était la table des *Mémoires!* En constatant cette situation honteuse, M. de Boislisle demandait aux journaux de s'intéresser à sa cause, à la cause des lettres et de l'histoire.

Il faut bien regarder cette prise de possession, cette puissance bureaucratique contre laquelle venait se briser la volonté de tous les ministres des Affaires étrangères, des Jules Fa-

Le tabouret.

vre comme des Decazes. Si cela se passait en plein Paris, que de faits, touchant à des questions moins spéciales, ont dû se passer en province! Que d'actes d'arbitraire, lésant des intérêts plus vifs, ont dû se produire! Ceci est évidemment une des causes qui expliquent la violence du mouvement qui s'est manifesté contre tout ce qui représentait l'ordre devenu, à force d'abus secrets, une des formes du désordre. Ces usurpations progressives sont tout à fait particulières à la France et n'ont point d'analogue à l'étranger; elles se légalisent par une sorte de prescription sans s'appuyer sur aucun titre. Comme le fantaisiste qui se présentait imperturbablement chaque soir au contrôle du Théâtre-Français en disant : « Feu Wafflard! », M. Faugère n'arguait d'aucun droit réel pour mettre le séquestre sur les papiers du duc de Saint-Simon; il n'a même jamais formellement déclaré qu'il eût un mandat pour agir ainsi; en tout cas, il n'a jamais montré ce mandat qu'on ne lui a, du reste, jamais demandé; il a temporisé à la façon des mandarins, et le temps a une telle puissance que tout s'est usé sur cette inertie.

M. Armand Baschet, par un tour de force qui fut fort applaudi de tous les lettrés, était parvenu à donner exactement, sans les avoir jamais vus, la liste de tous les papiers de Saint-Simon qui devaient se trouver aux ministères des Affaires étrangères. Grâce à M. de Freycinet, qui fit preuve de libéralisme, et surtout à l'initiative de M. Vallery-Radot, qui fut vraiment très chaud et très empressé en cette circonstance, j'eus pendant un mois ces papiers à ma disposition, et en six semaines je mis plus de Saint-Simon inédit en circulation qu'on en avait vu en cinquante ans (1).

Ce n'était assurément pas le treizième travail d'Hercule, mais cet effort d'un écrivain habitué à travailler pour le public contraste heureusement avec la fainéantise d'hommes qui vivent aux dépens des contribuables et auxquels tout labeur finit par devenir presque impossible.

Au bout d'un mois, tous les matériaux m'étaient retirés, et la nouvelle commission, d'accord avec le nouveau directeur, M. Girard de Rialle, adoptait cette singulière théorie qu'un directeur d'archives a un droit de prélibation sur les documents dont la garde lui est confiée, et que les travailleurs du dehors ne viennent qu'après lui. C'est précisément le contraire qui est vrai.

Un fonctionnaire payé par les contribuables n'a pas le droit de faire concurrence aux contribuables

(1) *Papiers inédits du duc de Saint-Simon.* — Lettres et dépêches sur l'Ambassade d'Espagne. — Tableau de la Cour d'Espagne en 1721.

qui le payent; s'il est archiviste, il est chargé de mettre en ordre, de classer, de communiquer; mais, gardien d'un dépôt public, il ne peut se réserver ce que ce dépôt a de plus intéressant; les facilités mêmes qu'il aurait pour le faire lui interdisent de l'essayer.

Il tombe sous le sens qu'un ministre des Finances ne peut être en même temps banquier; qu'un ministre du Commerce ne peut être à la fois négociant. Si l'on admettait le système contraire, on verrait les conservateurs de la Bibliothèque mettre de côté, pour eux, les pièces les plus curieuses; les conservateurs de nos musées se réserver le monopole de la reproduction, par la gravure, la photogravure ou la photographie, de toutes les œuvres remarquables. Celui-ci prendrait Raphaël, celui-là choisirait Rembrandt. On ne laisserait plus aux travailleurs du dehors que les yeux pour pleurer et les mains pour verser leurs contributions....

Quoi qu'il en soit, je me souviendrai toujours avec émotion de cette lutte contre la Routine pour la délivrance du Génie captif.

Le 18 février 1880, un ordre formel de M. de Freycinet, ministre des Affaires étrangères, autorisa pour la première fois l'Histoire à consulter librement les manuscrits et papiers divers laissés par le duc de Saint-Simon. Ce jour-là fut pour le monde des lettres et de l'érudition un vrai jour de fête.

La nouvelle stupéfiante qu'on allait délivrer le grand historien avait attiré dans le cabinet du nouveau Directeur des Archives, M. Guéroult, deux ou trois personnes qui s'entretenaient de ce fabuleux événement. On osait à peine y croire, on se demandait avec anxiété si quelque contre-ordre n'allait pas arriver à la dernière minute, et cette crainte paraîtra naturelle si l'on songe que les manuscrits avaient été confisqués, séquestrés pendant quatorze ans, comme s'ils eussent été la propriété particulière de M. Faugère.

Le contre-ordre, cependant, ne vint pas. Les farouches gardiens des Archives plièrent sous la Fatalité. Après quelques hésitations dernières, ils s'exécutèrent avec un regret visible, et nous eûmes enfin la joie de voir apporter ces vénérables volumes dont le maroquin avait conservé, en dépit du temps, ses beaux tons rouges.

— Voilà du Saint-Simon! nous écriâmes-nous, quand apparut l'écriture du duc, cette écriture contractée et crispée en dépit de sa régularité, dont les caractères toujours rentrés sur eux-mêmes racontent si bien l'âme passionnée qui se contient et les nerfs tendus qui se maîtrisent.

Ancien château de la Ferté-Vidame.

Pendant quelques minutes un froissement de pages feuilletées, une rumeur de commentaires expansifs remplirent ce cabinet solennel où les belles curiosités des lettrés, les enthousiasmes pour l'œuvre d'un grand mort, les avidités généreuses d'entrer plus à fond dans l'intimité d'un penseur avaient remplacé cette morgue bête, ces allures compassées, ces pompeuses façons de dire des niaiseries, par lesquelles tant de sots croient suppléer aux qualités réelles qui constituent le véritable homme d'État.

La première curiosité satisfaite, nous nous dirigeâmes vers la salle de travail, impatients que nous étions de feuilleter ces cahiers de papier jauni dont la vue seule nous avait causé une si délicieuse et si noble émotion.

Quand j'eus pris place, et qu'un rayon de soleil printanier entré de l'Esplanade par la grande fenêtre vint frapper les armes de France qui forment un rond d'or au milieu du volume, mon voisin regarda le livre et bientôt manifesta comme un étonnement douloureux. Éditeur de la parfaite édition des *Mémoires* du duc de Saint-Simon qui nous a montré pour la première fois l'incomparable écrivain tel qu'il est, M. Chéruel avait demandé à maintes reprises cette *Ambassade d'Espagne* que je parcourais. Il l'avait demandée, non pour publier ces dépêches et ces lettres, — tout inspecteur général de l'Université qu'il était, il ne se fût pas permis une telle audace, — mais pour contrôler certains faits, pour vérifier une date, pour rédiger une de ces notes substantielles, exactes, précises, qui prennent à ces patients et ces attentifs plus de temps qu'il ne nous en faut pour écrire trois articles. Lui aussi avait l'air de penser que quelque chose d'extraordinaire s'était passé dans la maison des Affaires étrangères, puisque Saint-Simon y circulait librement.

Il s'était passé, en effet, quelque chose d'énorme, quoique de très naturel et de très simple au fond : le Génie captif pendant cent vingt ans venait d'être délivré....

# La Mort de Voltaire

Ce fut le 30 mai 1778 — il y a cent vingt-quatre ans — que s'éteignit dans l'hôtel du marquis de Villette, au coin de la rue de Beaune et du quai des Théatins, maintenant quai Voltaire, celui qui, s'il eut presque toujours l'âme antifrançaise, n'en demeure pas moins, par un contraste singulier, le plus merveilleux représentant de l'esprit français en ce qu'il a de léger, d'inimitable et d'exquis.

La mort de Voltaire a excité autant de polémiques peut-être que sa carrière tout entière, et cependant, pour qui n'a pas de parti pris, les derniers mois de cette vieillesse fiévreuse furent d'accord avec l'ensemble de cette existence, et les derniers jours sont la conclusion logique des derniers mois.

Les destinées humaines obéissent évidemment à des lois mystérieuses que nous ne surprenons que par fragments isolés, et c'est le plus souvent à la lumière qui éclaire un tombeau que nous pouvons apprendre à quelle famille de grands hommes appartient une individualité qui a marqué dans son siècle. Les inventeurs, les précurseurs, les êtres d'abnégation et de sacrifice : Colomb qui découvre un monde, Jeanne d'Arc qui sauve une nation, sont abreuvés de toutes les amertumes, et payent d'avance en souffrances et en humiliations les hommages unanimes que leur décernera l'Avenir. Les génies d'ordre, de respect, de discipline, qui ont poursuivi le Progrès par ses côtés élevés, qui, sans se préoccuper d'amuser la foule, se sont efforcés d'améliorer le sort de tous, entrent peu à peu dans la sérénité. Leurs yeux se reposent volontiers sur la tâche accomplie; leur vieillesse féconde aime le travail, mais aussi le recueillement; ils lèguent à quelques-uns, dans des entretiens austères, le soin de perpétuer leurs idées, mais évitent le tumulte des multitudes, l'empressement des thuriféraires, l'obséquiosité des inutiles.

Il est une troisième race d'hommes qui, à l'heure où les penseurs et les artistes se plaisent aux méditations graves et regardent de haut les jours écoulés comme on examine d'une colline le chemin parcouru, sont repris, au contraire, d'une frénésie de mouvement et d'activité. A ceux-là, il faut le bruit, l'agitation, les louanges d'où qu'elles viennent, les visiteurs quels qu'ils soient. Peu confiants dans leur œuvre, inaccessibles aux immortelles espérances, effrayés par cet *au-delà* auquel aspirent ceux qui ont été épris d'un noble idéal, ils veulent jouir à tout prix de cette renommée qui va leur échapper avec la vie.

Assez mal à l'aise, quand ils se trouvent en tête à tête avec leur conscience, ils mettent une réelle indulgence à voir dans le compliment banal du visiteur le jugement de cette Postérité qu'ils redoutent. Incapables d'être à eux-mêmes, ils sont à tous, et ont en réalité pour dernier ami l'importun qui essaye de conquérir un peu d'importance en sortant bien ostensiblement d'une maison célèbre. Les contemporains qu'on a flattés dans leurs mauvais instincts ou dans leurs sentiments inférieurs ne marchandent pas d'ordinaire des applaudissements auxquels on a tout sacrifié.

Il y a ainsi, de siècle en siècle, trois ou quatre de ces apothéoses amenées par des habiletés lointaines, achetées par bien des bassesses latentes; de ces triomphes bruyants où tout le monde pousse à la roue, surtout ceux qui, pénétrant dans les coulisses, savent à quel point leur dieu est mortel.

De toutes ces apothéoses, la mieux organisée et la plus complète fut celle dont Voltaire vint mourir à Paris.

On a tracé vingt fois le tableau de l'existence véritablement inouïe que Voltaire mena à partir de son arrivée dans la capitale, le 10 février 1778. Tout ce qui faisait quelque figure dans cette société, qui, selon l'expression juste de M. Dufaure, avait corrompu ce brillant esprit autant que cet esprit l'avait corrompue elle-même, accourait à l'hôtel Villette.

Courtisans, courtisanes, filles d'opéras, fils indignes d'illustres familles, abbés de cour, auteurs de ruelles, rimeurs de tragédies, versificateurs d'épîtres à Chloris se succédaient sans interruption dans la demeure à la mode.

Quel défilé et quel enseignement philosophique pour qui se fût assis, afin d'observer, dans l'antichambre de ce philosophe!

Regardez regagner, en tremblant, son carrosse, ce proxénète qui porte le Saint-Esprit, ce vieillard si affreux moralement sous son vernis élégant. « Au revoir, Alcibiade! » lui crie Voltaire sur le seuil de son salon. Et voici que, tandis qu'Alcibiade descend, Phryné monte, et que la Du Barry sourit au maréchal duc de Richelieu qui l'a prise, vous savez où, pour la mettre dans le lit du roi très chrétien et qui, de ses mains séniles, touche cette gorge promise au bourreau. A quelques pas, les laquais attroupés font la haie pour dévisager la chevalière d'Éon, dont la visite est attendue....

*Moribundum morituri te salutant!* Ainsi murmurait, avec toutes sortes de grâces et de gestes charmants, ce monde si spirituel et si pervers qui n'en avait plus que pour quelques années, en venant saluer ce valétudinaire dont les minutes étaient mesurées.

Ces jouissances de vanité exténuaient, en effet, Voltaire. Ses jambes étaient gonflées, il crachait le sang. Ce fut alors qu'un prêtre obscur, l'abbé Gaultier, prit l'initiative de lui demander un entretien.

Hôtel de Villarceaux, rue Richelieu, habité par Voltaire.

Voltaire fut-il touché? Désirait-il, ce qui semble plus probable, par une de ces palinodies qui lui étaient familières, tromper la Cour, qui lui restait fermée et à laquelle il souhaitait vivement revenir? Le fait est qu'il signa en pleine connaissance et sans nulle pression la rétractation suivante :

« Je soussigné déclare qu'étant attaqué, depuis quatre mois, d'un vomissement de sang, à l'âge de quatre-vingt-quatre ans, et n'ayant pu me traîner à l'église, M. le curé de Saint-Sulpice, ayant bien voulu ajouter à ses bonnes œuvres celle de m'envoyer M. Gaultier, prêtre, je me suis confessé à lui, et que, si Dieu dispose de moi, je meurs dans la religion catholique, où je suis né, espérant de la miséricorde divine qu'elle daignera pardonner toutes mes fautes. Si jamais j'ai scandalisé l'Église, j'en demanderai pardon à Dieu et à elle. Signé : VOLTAIRE, le 2 mars 1778, dans la maison de M. le marquis de Villette. »

Un mieux se produisit. Voltaire intervint, avec son ardeur accoutumée, dans toutes les contestations auxquelles donna lieu la distribution des rôles d'*Irène*; il s'efforça de se débarrasser de Mme Vestris, qui manquait de ce qu'on nommait *du feu* dans ce temps-là, de ce que nous nommons aujourd'hui *du chien*; il se passionna en faveur de Mlle d'Épinay, la seconde femme de Molé. Malade de nouveau, il était hors d'état de diriger la répétition générale que présidait Mme Denis. Le 16 mars, le jour de la première représentation, des courriers se relayaient pour lui apporter des nouvelles. Le 30 enfin, il put se rendre à la Comédie-Française, où il fut l'objet de l'ovation que l'on connaît.

A partir de ce moment, Voltaire était perdu. Il avait promis formellement à Tronchin de retourner à Ferney. Son entourage l'en empêcha pour ne pas subir encore les ennuis d'un déplacement, éloigna systématiquement la bonne influence de Tronchin, et laissa volontairement le grand homme se tuer lui-même à force de fatigues et de remèdes.

Nous avons montré le monde extérieur se précipitant et s'exaltant autour de Voltaire; il convient maintenant d'observer le petit monde intérieur qui vivait de lui, spéculait sur sa gloire et escomptait d'avance sa mort.

*Belle et Bonne*, la seule physionomie sympa-

Hôtel de Villette, rue de Beaune.

thique de cet étrange ménage, était mariée, nul ne l'ignore, au marquis de Villette, dont elle dut se séparer plus tard. Celui-ci, qui jouissait, comme on dit, d'une réputation détestable, n'avait qu'un désir : conserver chez lui le plus longtemps possible l'idole du moment, afin d'habituer peu à peu la bonne société à reprendre le chemin de son logis. M<sup>me</sup> Denis, grosse et sentimentale personne qui fondait instantanément en larmes dès que son oncle récitait deux vers, n'avait d'yeux que pour un nommé Duvivier, bel homme, déjà installé dans la maison, qu'elle épousa quelque temps après, et qu'on appelait Nicolas Toupet, parce qu'il avait été coiffeur avant d'être commissaire des vivres. Wagnières, le secrétaire, sincèrement attaché à son maître, était reparti pour Ferney, le 29 avril, dès qu'il l'avait vu décidé à ne plus suivre aucun sage conseil.

Le seul homme qui s'intéressât à Voltaire, le seul qui lui parlât un langage loyal, c'était Tronchin. Figure honnête, attachante, malgré son puritanisme un peu rude, Tronchin traversait cette maison bizarre comme il avait traversé tous les milieux douteux de ce temps, en exagérant légèrement le caractère grave du médecin afin d'écarter de gênantes familiarités. A parler net, le témoignage de cet homme droit, qui fut dans l'étourdissante comédie qu'on nomme le XVIII$^{e}$ siècle une manière de Desgenais protestant, est le seul document impartial que nous ayons sur les derniers jours de Voltaire (1).

Les rôles étaient clairement tracés autour du fauteuil de l'illustre octogénaire. Tronchin n'aimait

(1) Tronchin écrivait à Bonnet, à la date du 20 juin :

« Si mes principes, mon cher ami, avaient eu besoin que j'en serrasse le nœud, l'homme que j'ai vu dépérir, agoniser et mourir sous mes yeux en aurait fait un nœud gordien. En comparant la mort d'un homme de bien, qui n'est que la fin d'un beau jour, à celle de Voltaire, j'aurais vu bien sensiblement la différence qu'il y a entre un beau jour et une tempête, entre la sérénité de l'âme du sage qui cesse de vivre et le tourment affreux de celui pour qui la mort est le roi des épouvantements. Grâce au ciel, je n'avais pas besoin de ce spectacle ; cependant *olim meminisse juvabit*. Cet homme, donc, était prédestiné à mourir dans mes mains. Je lui ai toujours parlé vrai, et malheureusement pour lui, j'ai été le seul qui ne l'ait jamais trompé.

« — Oui, mon ami, m'a-t-il dit bien souvent, il n'y a que vous qui m'ayez donné de bons conseils ; si je les avais suivis, je ne serais pas dans l'affreux état où je suis, je serais retourné à Ferney, je ne me serais pas enivré de la fumée qui m'a fait tourner la tête : oui, je n'ai avalé que de la fumée. Vous ne pouvez plus m'être bon à rien ; envoyez-moi le médecin des fous. Par quelle fatalité faut-il que je sois venu à Paris ?

« Vous m'avez dit en arrivant qu'on ne transplantait point un chêne de quatre-vingt-quatre ans, et vous me disiez vrai. Pourquoi ne vous ai-je pas cru ? Et quand je vous ai donné ma parole d'honneur que je partirais dans la dormeuse que vous m'aviez procurée, pourquoi ne suis-je pas parti ? Ayez pitié de moi, je suis fou. »

« Il devait partir le surlendemain des folies de son couronnement à la Comédie-Française, mais le lendemain matin, il reçut une députation de l'Académie française qui le conjura de l'honorer, avant de partir, de sa présence.

ni n'estimait Voltaire; comme médecin, en revanche, il était pour lui d'un dévouement inaltérable; il l'avait supplié de partir, il lui avait procuré une *dormeuse* pour qu'il pût exécuter le voyage sans trop de fatigues.

Voltaire n'avait de confiance qu'en Tronchin. Le marquis de Villette haïssait Tronchin qui avait dû

« Il s'y rendit l'après-dîner, et là, par acclamation, il fut fait directeur de la Compagnie. Il accepta la direction, qui est de trois mois.

« Il s'enchaîna donc pour trois mois, et de la parole à moi donnée, rien ne resta. De ce moment-là jusqu'à sa mort, ses jours n'ont plus été qu'un ouragan de folies. Il en était honteux, quand il me voyait, il m'en demandait pardon, il me serrait les mains, il me priait d'avoir pitié de lui et de ne pas l'abandonner, surtout ayant de nouveaux efforts à faire pour répondre à l'honneur que l'Académie lui avait fait, et pour l'engager à travailler à un nouveau dictionnaire à l'instar de celui de la Crusca.

« La confection de ce dictionnaire a été sa dernière idée dominante, sa dernière passion. Il s'était chargé de la lettre A, et il avait distribué les vingt-trois autres à vingt-trois académiciens, dont plusieurs, s'en étant chargés de mauvaise grâce, l'avaient singulièrement irrité.

« — *Ce sont des fainéants*, disait-il, accoutumés à croupir dans l'oisiveté, mais je les ferai bien marcher.

« Et *c'était pour les faire marcher* que dans l'intervalle des deux séances il a pris en bonne fortune tant de drogues, et a fait toutes les folies qui ont hâté sa mort, et qui l'ont jeté dans l'état de désespoir et de démence le plus affreux. Je ne me le rappelle pas sans horreur. Dès qu'il vit que tout ce qu'il avait fait pour augmenter ses forces avait produit un effet tout contraire, la mort fut toujours devant ses yeux. Dès ce moment, la rage s'est emparée de son âme. Rappelez-vous les fureurs d'Oreste : *Furiis agitatus obiit....* »

une fois le jeter par les épaules à la porte de la chambre du malade. Il obsédait Voltaire pour qu'il prît un autre médecin. Ce fut ainsi que Lorry, empirique répandu dans ce que nous appellerions à l'heure actuelle le demi-monde, fut mandé, mais s'inclina devant l'autorité de son confrère et ne modifia en rien le traitement qu'il avait prescrit.

Enivré et comme galvanisé par la triomphante soirée d'*Irène*, Voltaire, ainsi que ces hommes blessés à mort qui se mettent à courir jusqu'à ce qu'ils tombent épuisés, se remue, trépide et s'affole. On n'aperçoit dans Paris que son carrosse à fond d'azur parsemé d'étoiles. Il visite Mme de Ségur, Mme de Montesson, Mme du Deffant, Mme de Gouvernet, Sophie Arnould; il achète l'hôtel de Villarceaux, rue Richelieu; il préside l'Académie et s'occupe avec sa vivacité ordinaire de la réforme complète du dictionnaire.

Le 11 mai, se promenant avec Mme de Saint-Julien et Mme Denis, il ressent un violent malaise et se hâte de rentrer.

Que se passa-t-il au juste? D'après une version, le marquis de Villette, pour ne pas recourir à Tronchin, aurait fait prendre, au hasard, chez l'apothicaire de la rue voisine, une potion qui aurait causé d'insupportables douleurs à ce malade qui n'était déjà plus qu'une ruine, une ruine où il revenait un esprit.

D'après un autre récit, le maréchal de Richelieu, qui faisait usage d'un mélange d'opium distillé dans de la levûre de bière coupée d'eau, aurait offert à Voltaire de partager *en frère*. Voltaire aurait crié plus tard, en se tordant dans d'horribles convulsions : « *Ah! frère Caïn, tu m'as tué!* ».

Château de Ferney.

Le patricien débauché, achevant de tuer, avec un sourire, ce terrible railleur qui, aux applaudissements des grands seigneurs, avait tué partout le respect qui, seul, aidait l'aristocratie à vivre! Quel enseignement dans ce rapprochement! Quelle ironie dans cette meurtrière fraternité!

Le 25 mai, une fois l'effet de l'opium dissipé, Voltaire parut entrer dans une période de détente. A cette date, M. d'Hornoy écrit à Wagnières, que Mme Denis avait supplié de revenir :

« Mon pauvre oncle, mon cher Wagnières, est dans l'état le plus fâcheux. Mme Denis a dû vous mander son accident. L'effet de l'opium est passé, mais il a laissé des suites cruelles. L'anéantissement est extrême; il a un éloignement affreux pour tout ce qui pourrait le soutenir et le réparer; il ne veut pas prendre de bouillon. »

Le 26, Voltaire envoie quelque lignes au comte de Lally pour le féliciter de la revision du procès de son père. Ce jour-là, l'abbé Gaultier et le curé de Saint-Sulpice le viennent voir et le trouvent délirant.

A partir de ce jour les ténèbres s'épaississent en même temps que les légendes contradictoires commencent à se former. Évidemment, après un intervalle d'apaisement, le cerveau, ébranlé par l'opium, fut en proie à un épouvantable délire; mais ce n'est point à l'homme qu'il appartient d'apprécier ce qui put se mêler de remords venus de la conscience aux visions effroyables d'une intelligence épuisée. Tronchin seul aurait pu fournir des renseignements précis, mais il s'est gardé d'entrer dans aucun détail. Le penseur avait constaté l'horreur d'une mort parce que, selon lui, cette mort contenait une leçon; le médecin n'avait point à rendre publiques des particularités plus intimes.

Wagnières prétend que Tronchin ne vit pas Voltaire le 30 mai, le jour où il mourut: mais Wagnières, nous l'avons vu, n'était pas lui-même à Paris. Il est possible, d'ailleurs, que Voltaire soit mort avant le 30 mai.

La date si rapprochée de l'embaumement, qui eut lieu dans la nuit du 30 au 31, indique tout au moins qu'il dut expirer aux premières heures du matin. Notons que la lettre de Tronchin à Bonnet est très explicite : « *L'homme*, dit-il, *que j'ai vu dépérir, agoniser et mourir sous mes yeux.* »

On éprouve en réalité, devant cette agonie, le sentiment qu'on ressent en regardant de la rue une fenêtre sur les vitres de laquelle passent et repassent des formes confuses. Des solitudes soudaines se font ainsi dans ces demeures, incessamment emplies par les foules adulant un vivant fameux, mais où la vénération et l'affection ne retiennent personne quand la dernière heure est prochaine.

Statue de Voltaire à Ferney.

On part avant la fin; les serviteurs éteignent les bougies et ferment un des battants de la porte, les étrangers s'en vont comme on s'en va d'un théâtre, avant que le rideau ne soit baissé, dans la crainte de ne plus trouver de voitures. Les héritiers ressentent le besoin d'être seuls pour se délasser un peu de cette perpétuelle mise en scène dont ils sont les figurants obligés; quelquefois ils sont bien aises de se surveiller entre eux. Le roi Voltaire fut abandonné de sa cour comme le roi Louis XV l'avait été de la sienne, quand on n'eut plus rien à en attendre. C'est peut-être au milieu de l'agitation de toutes les convoitises, dans le va-et-vient des uns et des autres, que Voltaire parla une dernière fois à la terre, qui ne l'entendait plus, et dans une minute de calme prononça les *ultima verba* que nul ne prit la peine de recueillir.

Dès le 25, M^me^ Denis emballait. Elle s'occupe de Posarny, le régisseur de Ferney; elle s'intéresse à un chapeau qu'il faut laisser à Saint-Louis; elle n'entend pas qu'on oublie les *petits articles* et notamment une *Henriade* en maroquin.

Dès le 26, on avait préparé le carrosse à six chevaux qui devait emmener le corps à l'abbaye de Scellières, dont l'abbé Mignot, neveu de Voltaire, était titulaire. L'embaumement se fit à la hâte, dans la nuit du 30 au 31. Le chirurgien chargé de ce soin, prit le cervelet, le marquis de Villette s'attribua le cœur. Vers trois heures du matin, le corps de Voltaire, revêtu d'une robe de chambre, la tête coiffée d'un bonnet de nuit, fut placé dans le carrosse et confié à la garde d'un domestique....

La chapelle, à Ferney.

Ce fut le 30 mai également — les Éphémérides ont de ces surprises — le 30 mai 1431, que Jeanne, la *bonne Lorraine*, fut brûlée vive à dix-neuf ans. Elle haleta longtemps, car on avait disposé le bûcher de façon à ce que la fumée ne lui arrivât que très lentement. C'est à peine si, à demi asphyxiée, elle pouvait crier de s'éloigner au frère Martin Ladvenu, qui, pour la mieux consoler et diminuer ses angoisses en lui parlant plus longtemps des éternelles espérances, s'avançait presque dans le feu. Quel dommage que Voltaire n'ait pas connu cet épisode, comme il en aurait ri avec Frédéric et Richelieu! Enfin, elle poussa un grand cri et mourut....

Elle aurait pu vivre tranquille en gardant ses moutons; mais la vue de nos soldats vaincus, qui divertissait tant Voltaire, mettait *moult pitié* au cœur de cette fille du peuple....

La translation des cendres de Voltaire au Panthéon que Victor Hugo a appelée si justement une *saturnale funèbre*, et qui eut lieu le 11 juillet 1791, semble un chapitre d'histoire contemporaine. C'est la même mise en scène, le même défilé de sociétés différentes. Les enterrements dès cette époque ont un rôle considérable dans les événements; on vient là prendre le mot d'ordre, se consulter, se compter, s'habituer à se sentir les coudes, se préparer par des défilés à une action décisive quand une circonstance favorable se présentera.

Le marquis de Villette est le guide le plus instructif à consulter pour tous les détails de cette fête. Jouissant, comme je l'ai dit, d'une réputation détestable, le marquis avait fait de Voltaire sa chose. Vivant, Voltaire avait été le défenseur du marquis;

moribond, il avait décidé la société à franchir le seuil d'un hôtel où personne ne voulait mettre les pieds. Mort, Voltaire servait encore à couvrir de sa popularité la triste personnalité du mari de *Belle et Bonne*.

Après avoir parlé, dans le style du temps, des gardes nationaux, des élèves militaires, des hommes de la Halle, des députations, des clubs et des sociétés fraternelles, le marquis de Villette nous montre « les héros des faubourgs, appelés nouvellement *bonnets de laine* et portant cette coiffure qui, depuis que la France a reconquis sa souveraineté, est la couronne civique de l'homme libre et du Français régénéré ».

Les Vainqueurs de la Bastille étaient naturellement présents à la mascarade : « On voyait porté en triomphe un drapeau déchiré, celui qui fut arraché à M. de Launay en présence d'une si horrible forteresse. Il était suivi de veuves dont les époux sont morts à la conquête de la liberté. Dans ce groupe on remarquait une femme qui avait scellé de sang cette victoire mémorable. Elle était armée d'un sabre et prête à mettre au monde un enfant; elle semblait être à la fois Lucine et Pallas. »

Une autre femme brandissait une pique sur laquelle étaient écrits ces mots : *La dernière raison du peuple.*

Les frères d'armes des environs de Paris, ceux de Varennes, ceux de Troyes et ceux de Metz étaient accourus.

Toutes les députations tenaient en main des bannières qui reproduisaient des vers de Voltaire.

Exterminez, grand Dieu, de la terre où nous sommes,
Quiconque avec plaisir répand le sang des hommes!
. . . . . . . . . . . . . . . . . . . . . . . . . . . . . . . . .
Les mortels sont égaux. Ce n'est pas la naissance,
C'est la seule vertu qui fait la différence.

Tout le matériel, qui figurait régulièrement dans la première série des fêtes révolutionnaires : Bastilles en réduction de Palloy, boulets rouillés trouvés à la Bastille, bustes des patriotes fameux, avait été mis à contribution. Pour que rien ne manquât à cette pompe théâtrale, des acteurs en costume étaient mêlés au cortège.

L'Assemblée, les autorités du Département et du District marchaient à la remorque de cette foule si bizarrement composée qui, de fête en fête et de journée en journée, devait les mener tous bien plus loin qu'ils n'eussent voulu.

Le char funèbre, qui ne mesurait pas moins de quarante pieds de haut, était traîné par douze chevaux blancs.

Parti de la place de la Bastille, où le corps avait été déposé en arrivant de l'abbaye de Scellières, le cortège, après s'être arrêté à l'Opéra, passa par la place Louis XV et défila devant le pavillon de Flore.

« Les fugitifs, nous dit le marquis de Villette, le honteux Louis XVI, dépouillé des fonctions royales, sa femme, et sa famille, ne purent résister au désir de voir cet appareil. Quel contraste avec

Le quai Voltaire.

leur détention humiliante! Ils regardaient passer ce cortège à travers une jalousie qui n'avait jamais été si bien nommée. »

N'est-il point fécond en leçons ce rapprochement : Louis XV nommant l'auteur de la *Pucelle* gentilhomme ordinaire de la chambre à la sollicitation de ses maîtresses, et Louis XVI, déjà captif, regardant passer par une fenêtre des Tuileries cette pompe triomphale où se pressent les futurs combattants du 10 Août et les futurs spectateurs du 21 Janvier?

Après avoir stationné devant l'hôtel du marquis de Villette, puis devant l'ancienne salle de la Comédie-Française, rue des Fossés-Saint-Germain, le cortège, éclairé par des milliers de flambeaux, arriva enfin au Panthéon, où les cendres de celui qui avait vécu au milieu de tant d'agitations ne devaient trouver qu'un repos momentané.

La Révolution était logique en fêtant ainsi Voltaire. Sans doute, il n'eût point renversé à lui tout seul cette société chancelante et pourrie; mais, comme le dit Victor Hugo lui-même, « il fallait tout le venin de Voltaire, pour mettre cette fange en ébullition; aussi, doit-on imputer à cet infortuné une grande partie des choses monstrueuses de cette Révolution. Quant à cette Révolution elle-même, elle dut être inouïe. La Providence voulut la placer entre le plus redoutable des sophistes et le plus formidable des despotes. A son aurore, Voltaire apparaît dans une saturnale funèbre; à son déclin, Buonaparte se lève dans un massacre. »

Temple de la Philosophie,
à Ermenonville.

# La Mort
## de
# Jean-Jacques Rousseau

PARIS, qui célébra avec une ostentation, d'ailleurs ridicule, le centenaire de Voltaire, laissa Genève fêter toute seule le centenaire de Jean-Jacques Rousseau. Cela tient à la différence de tempérament de ces deux hommes également célèbres.

Le fils de l'horloger n'est point dans le mouvement. Il a des allures de pauvre farouche qui ne plaisent point à l'heure présente où l'on a encore le droit d'être pauvre, mais où l'on est mal vu d'être farouche. Il se tient mal, pour dire le bref. Au contraire de Voltaire, en outre, il priait quelquefois Dieu, mais ne se prosternait pas devant les hommes. Il dérobait, pour le boire en cachette, à petits coups, en lisant un livre, quelques bouteilles de ce petit vin d'Arbois qu'aimait Pichegru, tandis qu'à la table de Frédéric, Voltaire sablait ouvertement des vins royaux en payant loyalement chaque rasade de quelque amusant lazzi sur nos soldats vaincus.

Les « petits-fils de Voltaire » trouvèrent pour glorifier leur dieu le symbole qui convenait dans la légende de cet appartement qui serait resté clos pendant un siècle. On y retrouve à la place même qu'ils occupaient tous les instruments du comédien, la boîte à poudre, la boîte à fard, la boîte à cantharide, le papier à lettre pour louer qui vous encense et expédier de la rhubarbe à qui vous envoie du séné ; on est comme asphyxié par une odeur de décomposition et de corruption, et l'on s'enfuit laissant aux idolâtres la satisfaction de respirer le fétiche.

Quand on revient à Rousseau et à son œuvre, l'impression est tout autre. Il semble que l'on rouvre un de ces volumes jaunis, dans les pages duquel en guise de signet on a mis des fleurs, des feuilles, des touffes d'herbe. Tout cela est bien fané, sans doute, mais que de fraîches impressions nous rappellent ces débris desséchés, que de beaux paysages parcourus en chantant aux heures souriantes de l'adolescence évoquent devant vous ces brins de gramen ! Le parfum de notre âme juvénile, troublée par les éblouissements et les vertiges, est demeuré dans ces brindilles décolorées comme demeure dans le coquillage terni de notre cheminée le murmure confus du vaste Océan.

Ici, c'est la vieillesse d'une société qui ricane dans cet hôtel empli d'un *Tout Paris* aussi avide de réclame qu'aujourd'hui, et derrière ce diabolique et merveilleux esprit, j'aperçois toutes sortes de médiocrités affreuses : Marmontel, avec ses *Incas*; La Harpe, avec ses *Barmécides*; Raynal, avec son *Histoire des Indes*. Là, au contraire, c'est la jeunesse d'une littérature qui se lève sur ce tombeau solitaire; voici que, les mains pleines de bouquets des champs, les amoureux de la Nature retrouvée, Bernardin de Saint-Pierre et Chateaubriand, George Sand et Michelet viennent demander des inspirations à cette île qu'ombragent des peupliers toujours verts.

Il y a entre Rousseau et nous des liens qui s'oublient moins vite que l'éphémère plaisir que cause une plaisanterie de *Candide*. Il a donné à ses lecteurs leur première maîtresse, c'est-à-dire qu'il leur a donné, de seize à dix-huit ans, cette joie d'embrasser un type idéal et charmant sous les traits d'une bourgeoise parfois quadragénaire, mais encore sensible. Personne n'a jamais rêvé de ce bas-bleu osseux qu'on nommait M^me^ Du Châtelet, des milliers d'imaginations se sont enflammées pour M^me^ de Warrens.

Sans doute, cela n'est pas d'une moralité bien exemplaire. Il n'y a guère dans ces descriptions ardentes que des instincts poétisés, mais vous ne retrouverez pas là ce qui caractérise Voltaire, le besoin de souiller ce qui fut sublime, de cracher après ce qui fut chaste. Ceux qui sont toujours

Les Charmettes.

demeurés fidèles à l'austère Vertu pourront blâmer ces tableaux où les enchantements de la nature épanouie, le chant des oiseaux, les capiteuses senteurs du jardin préparent d'avance les entraînements des sens ; au fond, ils reconnaîtront que celui qui s'est laissé enivrer par ces chauds effluves de vitalité et de passion, et qui les a racontés en des pages brûlantes, après les avoir éprouvés, est plus excusable que celui qui se dit froidement devant son bureau : « Il y a une vierge héroïque qui a sauvé la France, je m'en vais écrire un poème obscène sur elle pour amuser le roi de Prusse ».

Rousseau fut véritablement un génie ; il eut cette caractéristique du génie, qui est de créer, d'inventer, d'élargir le cercle de nos idées, de nos sensations, de nos plaisirs.

Quoi qu'on en ait prétendu, les hommes de génie en leurs manifestations diverses se ressemblent tous en ce point, qu'ils apportent au monde quelque chose dont on ne jouissait pas avant eux. Les télégraphes et les chemins de fer sont des agrandissements de l'humanité comme certaines œuvres artistiques qui nous ouvrent des horizons nouveaux en nous apprenant à nous servir mieux, pour notre bien-être matériel ou nos jouissances morales, d'éléments qui existaient déjà.

C'est à Rousseau que nous devons le sentiment de la nature. Ce sentiment nous l'éprouvons inconsciemment en quelque sorte, sans songer à remercier celui qui nous l'a révélé. Jeunes hommes ou hommes faits, nous lui sommes redevables cependant de nos plus pures voluptés, de nos plus efficaces consolations.

Qui de nous, même parmi nos citadins, n'a été demander la guérison de ses premiers chagrins à quelques promenades dans les bois de Verrières ou de Meudon? Qui de nous, à cet âge où les sensations sont déjà moins vives, ne voit soudain l'apaisement descendre en lui, dès qu'il se retrempe un peu dans la grande nature, et semblable à Saül calmé par la harpe, ne sent, au rythme cadencé du vent dans les arbres, tomber tout à coup les bouillonnements qu'excitent parfois l'iniquité des hommes et leur incurable obstination à nuire au prochain?

Il est incontestable que Rousseau a exercé sur la France la plus funeste et la plus déplorable influence. Ce Génevois, qui avait au plus haut degré l'esprit protestant, sans peut-être s'en rendre compte exactement lui-même, a paré de tous les charmes du sophisme une conception sociale qui a contribué à dissoudre notre race et qui intoxique même encore les générations d'aujourd'hui. Entre Voltaire et lui le choix paraît cependant difficile.

Pour rendre à Rousseau la justice qu'il mérite, il faut se figurer ce qu'eût été une société qui ne se fût inspirée que de Voltaire. En bas, une canaille à laquelle, selon la recommandation du seigneur de Ferney, il faut bien se garder d'apprendre à lire ; en haut, une aristocratie composée de débauchés comme Richelieu; au milieu, des malins comme Voltaire, qui se font intéresser dans les vivres en flattant des maîtresses du roi. Nul idéal, nul respect pour les côtés supérieurs de l'homme, la bravoure du soldat malheureux ou la foi des martyrs. Ces croyances, ces espoirs, ces illusions même qui sont comme le sel qui féconde la terre, sont remplacés par des plaisanteries sur l'habitude qu'avaient les prophètes hébreux de manger leurs excréments.

L'auteur d'*Émile* ouvrit d'autres sphères à cette époque désenchantée. L'ensemble de son système philosophique n'a pas le sens commun, mais il se dégage de ses conceptions chimériques la notion de la dignité du citoyen, la revendication éloquente d'une organisation meilleure, le désir enthousiaste et droit de voir la vertu de chacun amener enfin le bonheur de tous. Sous cette emphase apparaît je ne sais quelle grandeur, gonflée, il est vrai, de rhétorique, mais qui a prêté à notre démocratie un accent particulier.

L'homme de l'état manuel, si méprisé jadis, entre en scène avec Rousseau, et l'industrie qui va naître fera une réalité de ces affirmations d'égalité entre tous les hommes, qui paraissaient des déclamations vides. Nos écoles professionnelles, où l'on habitue l'enfant à se servir d'un outil en même temps qu'on lui apprend à lire, sont l'application d'une des théories d'*Émile*.

Lisez, dans la *Femme au dix-huitième siècle*, de Goncourt, la description de la journée, non pas d'une patricienne, mais d'une bourgeoise aisée, à cette époque, et vous constaterez que c'est à peine si elle trouve dix minutes pour causer avec son fils ou sa fille. La mère du temps présent, toujours si près de ses enfants, et qui pousse parfois l'orgueil de la maternité jusqu'à la coquetterie est sortie des livres de Rousseau. Il tient plus de Rousseau qu'on ne le croit, ce monde moderne, si prompt à se figurer qu'il a accompli un acte quand il a prononcé une

L'île des Peupliers. — Tombeau de J.-J. Rousseau, à Ermenonville.

parole, si enclin à demander à l'amour plus qu'il ne peut donner, si accessible aussi aux nobles émotions de l'âme humaine, si généreusement épris de justice et d'égalité.

Si la mort de Rousseau a soulevé des polémiques moins violentes que celles de Voltaire, elle a été également entourée de mystères, ou plutôt il s'est accrédité à ce sujet une histoire de prétendu suicide qui, pour nous, est absolument dénuée, non pas seulement de vérité, mais même de vraisemblance. La lettre de M. de Girardin (1), chez lequel

(1) Voici en quels termes M. de Girardin raconte la mort de Rousseau :

« Le mercredi 1er juillet 1778, Rousseau se promena, l'après-midi, comme de coutume, avec son petit *gouverneur* (c'était le nom que Rousseau avait donné au fils aîné de M. de Girardin, qu'il prenait volontiers pour compagnon de ses promenades). Il faisait très chaud : il s'arrêta plusieurs fois pour se reposer, ce qui ne lui était pas ordinaire. Il se plaignit, à ce que l'enfant nous dit, de quelques coliques, mais elles étaient dissipées quand il revint souper, et sa femme n'imagina pas qu'il fût incommodé.

« Le lendemain, il se leva comme à l'ordinaire, alla se promener au soleil levant et revint prendre son café au lait avec sa femme. Au moment où celle-ci sortait pour les soins du ménage, il lui recommanda de payer un serrurier qui venait de travailler pour lui et de ne lui rabattre rien de son mémoire, parce que cet ouvrier paraissait être un honnête homme. A peine sa femme avait-elle été dehors quelque temps que, venant à rentrer, elle trouva son mari sur une grande chaise de paille, le coude appuyé sur une commode.

« — Qu'avez-vous, lui dit-elle, mon ami ?

Rousseau mourut à Ermenonville, est un document irréfutable au fond, sans

Maison où mourut
J.-J. Rousseau.

« — Je sens, répondit-il, de grandes anxiétés et des coliques. »

« Alors, sa femme, afin d'avoir du secours sans l'inquiéter, feignit de chercher quelque chose et pria le concierge d'aller dire au château que son mari se trouvait mal. Ma femme, avertie la première, y courut aussitôt. (Rousseau, voulant ménager la sensibilité de Mme de Girardin, la pria de se retirer.) Dès qu'il fut seul avec sa femme, il lui dit de venir s'asseoir à côté de lui.

avoir l'autorité de la lettre de Tronchin sur Voltaire. Elle est confirmée d'ailleurs, dans ses détails essentiels, par la lettre que Thérèse Levasseur adressa, le 27 prairial an VI, au *Journal de Paris*.

Notons encore que cinq médecins assistèrent à

« — Vous êtes obéi, mon ami, lui dit-elle, me voilà. Comment vous trouvez-vous?

« — Mes douleurs de coliques sont bien vives ; ouvrez, je vous prie, les fenêtres, afin que je voie encore une fois la verdure!

« — Mon bon ami, pourquoi me dites-vous cela?

« — J'ai toujours demandé à Dieu de mourir sans maladie et sans médecin, et que vous puissiez me fermer les yeux; mes vœux vont être exaucés. »

« Puis il demanda pardon à sa femme des peines qu'il lui avait causées ; il lui dit que ses amis lui avaient promis de ne jamais disposer sans qu'elle y consentît des papiers qu'il leur avait laissés. Enfin, il lui recommanda de faire ouvrir son corps après sa mort, et d'en faire dresser procès-verbal.

« Cependant, les douleurs augmentèrent ; il se plaignit de pressement aigu dans la poitrine et de violentes douleurs dans la tête. La malheureuse femme se désolait de plus en plus ; il oublia ses propres souffrances pour la consoler.

« — Quoi ! lui dit-il, ma chère amie, vous ne m'aimez donc plus, puisque vous pleurez sur mon bonheur ! Voyez comme le ciel est pur ! Ne voyez-vous donc pas que la porte m'en est ouverte et que Dieu m'attend ?... »

« A ces mots, il est tombé sur la tête en entraînant sa femme. Elle veut le relever, elle le trouve sans parole et sans mouvement. Elle jette des cris, on accourt, on le relève, on le met sur son lit. Je m'approche, je lui prends les mains, je lui trouve un reste de chaleur, je crois sentir une espèce de mouvement. La rapidité de ce cruel événement, qui s'était passé en moins d'un quart d'heure, me laisse encore quelque espoir, j'envoie à Paris chercher un médecin de ses amis. Je lui fais respirer de l'alcali ; soins superflus, ce ne fut que le lendemain au soir que son corps, ainsi qu'il l'avait l'autopsie, que Rousseau avait prié maintes fois ses amis de faire faire avant de l'ensevelir. Ils reconnurent que l'ouverture de la tête et l'examen des matières contenues dans le crâne avaient fait voir une quantité considérable — plus de huit onces

exigé, fût ouvert en présence de deux médecins et de trois chirurgiens. »

On sera peut-être curieux de comparer à ce récit celui de Thérèse Levasseur. Il contient des détails qui auront semblé trop réalistes à M. de Girardin, et, par contre, il omet des paroles touchantes qui eussent semblé bien inutiles à Thérèse. Thérèse prétend que Rousseau n'a pas déjeuné et cependant on retrouva dans son estomac, trente-six heures après la mort, le café qu'il avait bu ce jour-là. Ce qui est plus singulier, c'est que M. de Girardin se soit trompé sur la date exacte de cette mort, qu'il fixe au 2 juillet, tandis que Thérèse déclare expressément qu'elle a eu lieu le 3.

« Citoyen, écrit Thérèse Levasseur à Corancez, je suis justement affligée des détails que vous donnez sur la mort de M. Rousseau d'après les propos que vous dites avoir entendus dans une auberge. Cette mort est encore et sera présente à ma mémoire tant que je vivrai, et je puis en tracer tous les incidents; mais auparavant recevez de la veuve de votre ami le double reproche d'avoir eu pour elle un oubli trop longtemps prolongé, et de ne pas l'avoir consultée avant d'écrire. Le 3 juillet 1778, et non le 2 juillet, mon mari se leva à son heure ordinaire; il ne sortit pas le matin; il devait aller donner une première leçon de musique à Mlle de Girardin l'aînée. Il fit apprêter par moi et la servante les choses nécessaires à sa toilette. Nous déjeunâmes; il ne déjeuna point.

« Il avait dîné la veille au château; soit qu'il eût trop mangé, il se sentait indisposé. Mon déjeuné fini, il me dit que le serrurier qui avait fait notre emménagement demandait son paiement. J'allai lui porter son argent. A mon retour, il n'était pas dix heures, j'entendis en montant l'escalier les cris plaintifs de mon mari.

— de sérosité épanchée entre la substance du cerveau et les membranes qui le recouvrent ; ils furent d'accord pour attribuer la mort de Rousseau à la pression de cette sérosité ou à son infiltration dans les enveloppes. Un pharmacien et son aide furent chargés de l'embaumement. Enfin, Houdon fut mandé de Paris pour mouler le visage de Rousseau. En adoptant l'hypothèse du suicide, il aurait fallu que le silence de tous ces témoins eût été acheté par M. de Girardin.

J'entrai précipitamment et je le vis couché sur le carreau. J'appelai du secours ; il me dit de me contenir, qu'il n'avait besoin de personne, puisque j'étais revenue ; il me dit ensuite de fermer la porte et d'ouvrir les fenêtres, ce que j'ai fait. Ensuite j'aidai mon mari de toutes mes forces à se mettre sur le lit, je lui fis prendre des gouttes de l'eau des Carmes ; lui-même versa les gouttes ; je lui proposai un lavement, mais il le refusa ; j'insistai ; il consentit à le prendre ; je le lui donnai le mieux que je pus, mais pour le rendre il descendit lui-même et sans mon aide du lit, et alla se placer sur la garde-robe.

« J'allai à lui en lui tendant les mains ; il rendit le remède, et au moment où je le croyais bien soulagé, il tomba le visage contre terre avec une telle force qu'il me renversa ; je me relevai, je jetaï des cris perçants. La porte était fermée. M. de Girardin, qui avait une double clef de notre appartement, entra, et non Mme de Girardin. J'étais couverte du sang qui coulait du front de mon mari. Il est mort en me tenant les mains serrées dans les siennes, et sans proférer une seule parole.

« Je vous atteste, j'atteste à mes concitoyens, j'atteste à la Postérité, que mon mari est mort dans mes bras de la manière que je viens de vous dire. Il ne s'est pas empoisonné dans une tasse de café, il ne s'est pas brûlé la cervelle d'un coup de pistolet. »

L'opinion qui prétend que Rousseau s'est suicidé en commençant d'abord par avaler un poison végétal dans une tasse de café et ensuite en se tirant un coup de pistolet dans la tête, opinion très habilement soutenue plus tard par M. Musset-Pathay, fut pour la première fois mise en avant par Corancez. Corancez était un des trois fondateurs du premier journal quotidien paru en France, le *Journal de Paris*, auquel nous avons consacré un des chapitres de ce volume et dont le premier numéro fut mis en vente le 1er janvier 1777. Il prétendit qu'en venant assister à l'enterrement, il avait recueilli cette rumeur dans une auberge en causant avec un postillon. Il aurait questionné, à ce sujet, M. de Girardin qui lui aurait offert d'examiner le corps et de se convaincre que le trou qu'on aper-

Ermenonville
(cabane de Rousseau).

cevait à la tête provenait d'une chute qu'avait faite Rousseau. Corancez aurait refusé *par sensibilité*. On juge par ce fait, de la légèreté des indices sur lesquels est échafaudée cette histoire.

D'après les partisans de cette version, Rousseau se serait tué de désespoir en découvrant que l'indigne Thérèse Levasseur avait noué des relations avec un domestique de M. de Girardin, Nicolas Montretont.

Ce que c'est que le génie ! A l'heure où vont s'éteindre deux des plus belles intelligences qui aient animé un cerveau humain, deux Nicolas se retrouvent autour du lit où agonisent ces

Ermenonville. Pavillon de travail de Rousseau.

glorieux moribonds, qui ont rempli leur siècle du bruit de leur nom. Nicolas Toupet, ancien coiffeur, minaude avec la grosse Mme Denis! Nicolas Montretont sourit à Thérèse Levasseur!

Il n'est guère possible de douter que la sotte et triviale Thérèse n'ait aimé le Montretont. Il est du moins démontré, d'après une lettre d'une des filles de M. de Girardin, que cette liaison fut postérieure d'au moins un an à la mort de Rousseau. Il convient également de remarquer que Thérèse accuse M. de Girardin d'avoir dérobé tous les manuscrits de son mari et d'en avoir tiré profit en lui remettant en échange des billets qui ne furent point payés....

Ce n'est point besogne gaie, je vous assure, que d'étudier de près l'existence intime d'un grand homme. Avec Rousseau du moins, on a la ressource de se détourner de ces boues pour regarder le firmament bleu.

J'accepte pour vrai, sur ce point, le récit de M. de Girardin, et je trouve touchante cette pensée d'aller admirer dès l'aube le spectacle de ce ciel d'été se colorant de ces belles teintes fraîches et rosées qui mettent la campagne en émoi et font chanter tous les oiseaux ensemble. Je suis dans son retour à la maison, ce promeneur matinal qui, agité de pressentiments, comme tous les hommes de génie, se dit que le jour qu'il a regardé naître sera peut-être pour lui sans lendemain. Je comprends ce désir de contempler encore une fois l'horizon radieux où le soleil poursuit sa course, et ce cri qui vaut l'appel à la lumière de Gœthe : « Fermez les portes et ouvrez les fenêtres! » Fermez les portes par où les hommes entreraient, ouvrez les fenêtres afin que je voie Dieu dans ce ciel qui raconte sa puissance.

Dans cet être qui paya si lourdement son tribut à l'argile grossière dont nous sommes tous pétris, dans ce génie mal équilibré si douloureusement tiraillé entre des instincts qui le ravalaient et des aspirations qui l'élevaient au delà de la terre, il y avait une âme, et c'est elle qui, dégagée des guenilles humaines, flotte encore éloquente et pure autour des eaux et des bois d'Ermenonville.

Tandis que l'esprit de Voltaire n'excite que le rire amer et mauvais, le nom de Rousseau évoque je ne sais quelle mélancolie émue et attendrie. Plus d'un lecteur moderne, en feuilletant les *Confessions* et les *Rêveries*, se figure encore voir passer, comme un poétique revenant d'un siècle évanoui, ce doux rêveur, ami des courses à pied, qui se mettait en marche dès l'aurore avec sa boîte de botanique au dos, évitait les routes où l'on rencontrait des chiens danois qui vous mordaient et des

Nature : l'herbier.

grands seigneurs qui en riaient, et cherchait les sentiers, pleins de bourdonnements, de bruissements d'herbes et de chansons de nids.

Un peu morose, un peu hypocondre, mais sans haine et sans envie, il s'en allait ainsi loin des villes, où ses confrères lui jetaient des pierres, vers la campagne où les enfants, qui devinent ce qui est bon au fond, luttaient entre eux de vitesse pour lui apporter des fleurs sans se douter qu'ils rappelaient innocemment une des pires actions de sa vie à cet amant de la Nature, qui fut un père dénaturé....

---

Au Panthéon.

# Diderot

Au contraire des écrivains de son temps, devenus pour la plupart illisibles aujourd'hui, l'auteur du *Neveu de Rameau* voit sa gloire commencer à peine maintenant. Il est plus du XIXe siècle que du XVIIIe; c'est le moderne par excellence.

Prenez toutes les formes de la manifestation littéraire actuelle et vous constaterez que partout Diderot a été un précurseur.

Rapprochez des solennelles conférences faites au XVIIe siècle, dans les salles de l'Académie de peinture ou dans la galerie du Louvre devant les chefs-d'œuvre des maîtres, la critique d'art telle qu'on la comprend aujourd'hui, et vous reconnaîtrez que Diderot a été un créateur dans ce genre. Le premier il s'est identifié avec la pensée d'un artiste, il s'est servi d'un tableau ou d'une statue comme d'un thème pour écrire des pages chaleureuses, justes ou injustes, enthousiastes ou hostiles, mais toujours pleines de verve et de mouvement.

Le premier encore il a mis la thèse sociale au théâtre, et le Dumas des préfaces, le Dumas de l'*Homme-femme* procéda directement de lui. L'*Homme-femme* même est une expression de Diderot, qui écrivait : « Il y a des femmes qui sont hommes et des hommes qui sont femmes, et j'avoue que je ne ferai jamais mon ami d'un homme-femme. »

N'est-ce pas du pur Dumas encore que ceci : « Si nous avons plus de raison que les femmes, elles ont bien plus d'instinct que nous. La seule chose qu'on leur ait apprise, c'est à bien porter la feuille de figuier qu'elles ont reçue de leur première aïeule. Tout ce qu'on leur a dit et répété dix-huit à dix-neuf ans de suite se réduit à ceci : « Ma fille, prenez garde à votre feuille de figuier; votre feuille de figuier va bien, votre feuille de figuier va mal. » Chez une nation galante la chose la moins sentie est la valeur d'une déclaration. L'homme et la femme n'y voient qu'un échange de jouissances. Cependant, que signifie ce mot si légèrement prononcé et si frivolement interprété : « Je vous aime ». Il signifie réellement : « Si vous voulez me sacrifier votre innocence et vos mœurs, perdre le respect que vous vous portez à vous-même et que vous obtenez des autres, marcher les yeux baissés dans la société, du moins jusqu'à ce que, par l'habitude du libertinage, vous en ayez acquis l'effronterie, renoncer à tout état honnête, faire

Rue Taranne :
au coin de la rue de l'Égout. — Statue.

mourir vos parents de douleur et m'accorder un moment de plaisir, je vous en serai vraiment obligé. »

Le vocabulaire physiologique, appliqué à la femme par Michelet, semble en bien des cas n'être, lui aussi, qu'une imitation de Diderot, et le début tout entier de la critique de l'*Éloge des femmes*, de Thomas, pourrait figurer, sans surprendre personne, dans les compositions mystico-sensuelles de l'auteur de l'*Insecte* et de l'*Oiseau*.

Cette identité qui existe entre Diderot et nous dans la façon de sentir, d'être impressionné par les petits détails, d'éprouver les joies de l'intimité, frappe à chaque instant. Relisez les *Regrets sur ma vieille robe de chambre* :

« Pourquoi ne l'avoir pas gardée? Elle était faite à moi ; j'étais fait à elle. Elle moulait tous les plis de mon corps, sans le gêner; j'étais pittoresque et beau. L'autre, roide, empesée, me mannequine. Il n'y avait aucun besoin auquel sa complaisance ne se prêtât; car l'indigence est presque toujours officieuse. Un livre était-il couvert de poussière, un de ses pans s'offrait à l'essuyer. L'encre épaisse refusait-elle de couler de ma plume, elle présentait le flanc. On y voyait, tracés en longues raies noires, les fréquents services qu'elle m'avait rendus. Ces longues raies annonçaient le littérateur, l'écrivain, l'homme qui travaille. A présent j'ai l'air d'un riche fainéant; on ne sait qui je suis. »

N'est-ce pas la note d'un essayiste contemporain? Cela ne ressemble-t-il pas à une de ces fantaisies moitié railleuse et moitié attendrie comme on en improvise tous les jours?

L'animal même, associé de plus près à notre vie, prend avec Diderot une physionomie toute nouvelle. Toussenel ou M. de Cherville auraient écrit les jolies pages sur Pouf, Thisbé et Taupin.

Écoutez le neveu de Rameau scandant ses étranges paradoxes en frappant du poing sur la table du café Procope, n'est-ce point l'ancêtre de tous les déclassés, le modèle de tous les ré-

Café de la Régence.

voltés, le chef de tous les bohèmes? Laissez s'accomplir cette Révolution à laquelle les classes dirigeantes prêtent si complaisamment la main, et il figurera parmi tous ces *ratés* sinistres, tous ces fruits secs de l'*Almanach des Muses*, tous ces histrions sifflés qui furent de si implacables proconsuls.

Ce type, marqué par Diderot d'une ineffaçable empreinte, est tout moderne, lui encore. Sans doute, avant le neveu de Rameau, il y avait eu des parasites, des faméliques, des errants; mais ils ne s'enorgueillissaient pas de leurs désordres, ils ne se glorifiaient pas de leurs vices, ils disaient mélancoliquement, comme Villon :

Hé Dieu! si j'eusse estudié
Au temps de ma jeunesse folle
Et à bonnes mœurs dédié,
J'eusse maison et couche molle
Mais quoy? je fuyoye l'escolle
Comme faict le mauvays enfant...
En escrivant ceste parolle
A peu que le cœur ne me fend.

Ce personnage cynique, saisi en pleine réalité, ce Diogène d'estaminet se drapant dans ses haillons pour outrager cette société qui ne vaut pas mieux que lui, montre dans Diderot l'homme qui sait observer avec l'acuité du regard et peindre avec la touche un peu brutale des maîtres contemporains. C'est la rue, c'est le café qui entrent dans l'art à la suite de cet être bizarre.

Fils de coutelier, fréquentant sans cesse le peuple, s'instruisant en causant chaque jour avec les traîneurs de misère de tout rang, Diderot, grâce à cet apprentissage, eut ce grand don qui rend plus cousins qu'on ne croit des écrivains en apparence bien dissemblables : Molière, Dumas fils, Louis Veuillot, et, avec moins de puissance, Ourliac et Daudet aussi : ce don de regarder, de saisir, d'exprimer la vie de son temps, ce don de se mettre directement en contact avec ce qui est humain, et de traduire sincèrement ce qu'on a ressenti.

Selon que la nature est plus ou moins haute, ce don se manifeste par la foi, par le blasphème, par l'ironie; mais rien ne le peut remplacer. Les académiciens qui ne voulurent pas de Diderot n'auront jamais ce qu'il avait : politiques ou littérateurs, ils seront toujours en dehors de la réalité, et c'est pourquoi tout ce qui sort d'eux a l'aspect factice et blafard d'œuvres écloses dans une serre.

En face du bohème Diderot lui-même représente une figure toute nouvelle : l'homme de lettres, l'homme de lettres indépendant, travailleur infati-

Rue des Fossés-Saint-Germain. — L'Ancienne Comédie.

gable, suffisant à des besognes multiples. Avant lui, l'écrivain vivait aux gages des grands seigneurs; il faisait partie d'une maison; les plus illustres étaient pensionnés par le roi. Diderot, sans doute, reçut, sur le tard, une pension de Catherine; mais sa vie, vouée à un labeur sans trêve, n'en reste pas moins très estimable et très droite. Aux prises avec la pauvreté, il ne recule devant aucune tâche; il fait jusqu'à des sermons qui lui sont payés cinquante écus pièce par un évêque portugais. Il s'instruit sur le pouce comme l'ouvrier mange, et, là encore, il est la complète personnification de ce journaliste qui fait preuve chaque jour d'une variété de connaissances dont nul ne songe à s'étonner.

Le café Procope.

En ceci, il apparaît tout différent des plus

célèbres de ses contemporains. Rousseau accepte l'hospitalité, l'aide pécuniaire de gens qu'il attaque ensuite. Voltaire est essentiellement un homme d'argent : il remplit tout jeune des missions secrètes assez équivoques ; il tripote avec Medina ; il s'associe aux entreprises des fournisseurs qui, pour s'enrichir davantage, affament nos malheureux soldats ; il est dans mille trafics peu honorables et peu propres.

Diderot demeure toujours homme de lettres, il est passionné pour ce glorieux métier : il éveille chez les autres des idées, il sème sans compter des sujets, des plans, des aperçus. Voltaire a raison de l'appeler Pantophile : il aime tout, il s'intéresse à tout, il s'éprend de tout ce qui touche à l'art ; il a cette belle griserie de l'encre qui devient rare, et quand on reproche à cet effervescent de se disperser trop, il répond : « On ne me prend pas ma vie, je la donne ».

On a tracé souvent de faux portraits de Diderot, comme on a peint de faux Voltaire et de faux Rousseau. On nous a conté qu'il a bravé tous les périls pour élever le monument de l'Encyclopédie. Rien n'est plus complètement erroné. Dans la campagne de l'Encyclopédie, le lutteur intrépide, l'écrivain héroïque, ce fut Fréron, s'obstinant à défendre une société qui voulait périr, et, non pas abandonné seulement, mais persécuté par ceux qui auraient dû le soutenir.

M. Brunetière, en étudiant la direction de la librairie sous Malesherbes, a mis ce fait dans une complète lumière.

Tout, a-t-il dit, était permis contre Fréron et rien n'était permis à Fréron pour se défendre. Par un aveuglement qui ne se peut concevoir, tout ce qui avait de l'autorité et de l'influence était avec les encyclopédistes.

Fréron se trouvait dans la situation d'un homme qu'on obligerait à lutter avec un sabre de bois contre des adversaires armés d'excellentes épées. Quand, malgré ces précautions, le terrible polémiste en arrivait, dans ce duel inégal, à toucher ses adversaires, Malesherbes lui retirait son arme; il soumettait les épreuves des articles de Fréron aux encyclopédistes et les autorisait à enlever ce qui les gênait.

On ne peut, d'ailleurs, avoir, de cette conduite singulière, de témoignage plus irrécusable que celui de Malesherbes lui-même, qui écrit :

« Il est vrai que Fréron a souvent voulu attaquer dans les feuilles l'*Encyclopédie* et ses éditeurs, parce qu'il dit qu'ils l'ont souvent attaqué dans leur ouvrage. Je n'ai jamais voulu passer ses attaques. J'en ai donné un jour la preuve à

M. d'Alembert en lui faisant lire dans quelques épreuves des feuilles ce que j'y avais rayé. Il me parut sensible à cette attention. Depuis, Fréron est souvent revenu aux attaques et moi aux ratures. *Jamais je n'ai voulu permettre aucun extrait d'aucun ouvrage fait contre l'Encyclopédie.* »

Loin d'être persécutée, on le voit, l'Encyclopédie était mise en dehors de toute controverse, défendue même contre toute critique littéraire. Ce n'est pas la Religion qui était placée au-dessus de la discussion, c'était l'Encyclopédie....

Diderot n'en demeure pas moins, par bien des points, une figure attachante.

Il est curieux de voir, un siècle après, l'évolution de certaines couches nouvelles que Diderot, le premier, a étudiées à fond ; de constater la place que tiennent, sur la scène parisienne, quelques clients que Diderot a pris dans une situation modeste. Les peintres, les acteurs dont l'auteur des *Salons* et du *Paradoxe sur le comédien* s'est particulièrement occupé, ont maintenant le haut du pavé. La manière exubérante et emphatique dont Diderot a parlé d'eux a fait école. Les critiques d'art, les articles relatifs au théâtre semblent des échos de ces pages pleines d'une émotion un peu conventionnelle.

Diderot revit tout entier encore dans ces habitudes de grossir tout, de manifester bruyamment à toute occasion, de s'attendrir sans trop savoir pourquoi, de forcer toujours l'expression et d'exagérer le sentiment. Cela pourrait s'appeler le *sympathisme*, et Diderot est incontestablement le père de tous ces outrés et de tous ces excessifs. Après avoir réagi tout d'abord contre une certaine solennité légèrement guindée et avoir introduit un peu plus d'élément humain dans la littérature, il a contribué à chasser de nos mœurs le naturel et la simplicité, pour y substituer ce *cabotinisme* qui a fait de si effrayants progrès depuis quelques années.

Qui ne connaît la jolie histoire du départ de Russie? Diderot rencontre un ami : « — Ah! mon cher, s'écrie-t-il, quelle scène! Ma femme et ma fille entrent dans ma chambre; elles fondent en larmes en apprenant que je vais partir. Je les bénis, puis la douleur est trop forte, je m'évanouis, et quand j'ai repris mes sens, je m'arrache à leurs embrassements et je m'élance au dehors pour oublier cet instant affreux.... »

L'ami pleure et serre dans ses bras Diderot, qui pleure aussi. Quelque temps après, tout ému encore, il se croise avec M^me^ Diderot :

« Eh bien! êtes-vous remise? Cette scène a dû être bien pénible pour vous?...

— Quelle scène? De quoi parlez-vous? »

On s'explique. Diderot avait déjeuné tranquillement avant de sortir et il n'avait pas même été question du voyage. Il était de bonne foi cependant, et c'était dans le cours du récit que sa vive imagination lui avait fait voir toutes ces choses qui auraient pu se passer....

Que de Parisiens sont ainsi, sans avoir le talent de Diderot! Ce sont des gens vibrants, ils vibrent, et c'est Diderot qui a appris à vibrer....

A quoi tient la renommée !
Qu'est-ce donc, au fond, comme soupire la chanson,

Que cette ombre illusoire,
Que l'on nomme la gloire
Quand on a vingt ans ?

Gresset est l'auteur d'une comédie, *le Méchant*,

Les lauriers de Gresset.

que l'on loue encore, mais qu'on ne joue plus guère; il a rimé, en des vers lestement tournés, l'histoire d'un perroquet choyé par des nonnes, demandé par la supérieure des Visitandines, apprenant d'affreux jurons dans son voyage d'un couvent à un autre en compagnie de dragons, scandalisant le moustier nouveau auquel on avait vanté ses principes, et revenant mourir au premier gîte d'excès de friandises :

A Nevers donc, chez les Visitandines,
Vivait naguère un perroquet fameux,
A qui son art et son cœur généreux,
Ses vertus même et ses grâces badines
Auraient dû faire un sort moins rigoureux,
Si les bons cœurs étaient toujours heureux.
Vert-Vert (c'était le nom du personnage),
Transplanté là de l'indien rivage,
Fut, jeune encor, ne sachant rien de rien,
Au susdit cloître enfermé pour son bien.

C'est tout son œuvre, et Gresset est immortel ; il est allé à la Postérité porté sur cette bulle de savon.

N'êtes-vous pas stupéfait quand vous réfléchissez à ceci et que vous constatez combien d'hommes exceptionnellement doués qui, pendant le siècle dernier, ont remué des idées, exprimé éloquemment des passions multiples, parlé souvent une langue pleine de couleur et d'images, sont déjà à peu près oubliés?

Il n'en est pas un, parmi ceux qui ont dix ans de littérature, qui n'ait vécu par l'intelligence, l'imagination, les nerfs, cent fois plus que Gresset, qui n'ait produit cent fois plus que lui; c'est à peine si leur concierge sait leur nom. Il y a dans Banville, dans Monselet, dans Paul Arène plus de verve, de brio, d'esprit que dans tout Gresset. Qui s'imagine cependant la Postérité célébrant dans cent cinquante ans — pour donner de la marge à ces vivants — le centenaire de ces ciseleurs d'exquises bagatelles?

Il fait bon, pour certaines individualités, naître au moment favorable, et c'est à ce titre qu'elle est curieuse à observer dans son effacement, cette figure bienveillante de Gresset, qui ressemble, avec des tons décolorés et pâlis, à quelque pastel fané.

Gresset, c'est l'élève des jésuites, hanté un moment par un démon folâtre; c'est la fleur brillante de cet enseignement un peu factice; c'est le professeur d'humanités des collèges du XVIIIe siècle, tenté un instant par la célébrité mondaine.

Quel joli milieu à peindre, que ce petit groupe de religieux lettrés, où l'on aperçoit, à des dates différentes, mais se ressemblant tous entre eux, les Pères Bouhours, Rapin, Poirée, Hardouin! Ils font des vers latins magnifiques et ignorent absolument le fonctionnement de la civilisation antique. Ils sont complétement fermés au sentiment de l'art et dépensent des sommes considérables pour mutiler nos admirables églises gothiques et substituer aux chefs-d'œuvre de l'art chrétien des autels *rococo*, des anges bouffis, de lourdes et prétentieuses décorations de Michel-Ange Slodtz.

Le persil fatal.

Avec cela ils sont charmants, réguliers de mœurs, ils accueillent, sur sa mine, tout enfant intelligent, qu'il soit riche ou pauvre. Ils dressent patiemment leurs élèves à s'exercer dans des tragédies qui, bientôt deviendront réelles et nous montreront des Gracchus et des Catilinas en chair et en os, levant de vrais poignards sur le clergé qui les avait trop classiquement élevés.

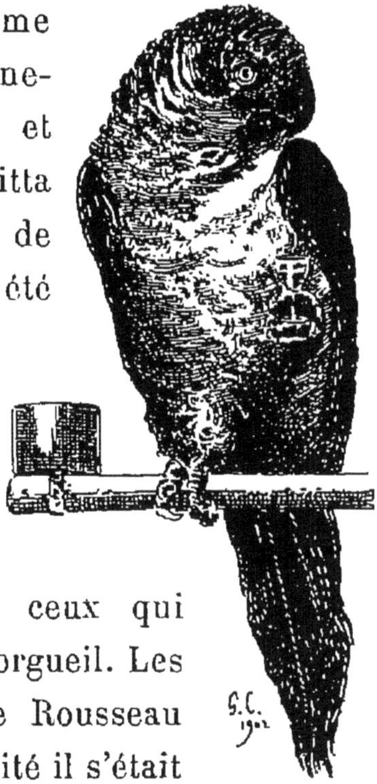

Dans ce temps-là un poème comme *Vert-Vert* était un événement. Gresset, complimenté et très légèrement réprimandé, quitta l'habit de jésuite, mais resta de cœur avec ceux qui avaient été les instituteurs de sa jeunesse. Il suffit de regarder cette petite tête d'oiseau, fine et bonne, organisée pour le ramage et non pour le ravage, pour être assuré qu'il n'était point de ceux qui s'obstinent à faire le mal par orgueil. Les épigrammes de Voltaire et de Rousseau nous on dit avec quelle ingénuité il s'était exagéré le scandale qu'il croyait avoir causé. Sur les conseils de l'évêque d'Amiens, il brûla deux chants de *Vert-Vert* avec la solennité qu'un Luther eût pu mettre à brûler la *Captivité de Babylone*. Puis, doucement, il s'en alla fonder une académie à Amiens et s'endormir tranquille dans l'existence provinciale.

Vert-Vert.

Cette existence provinciale du temps passé, vous

en avez parfois comme une vision en traversant quelque vieille ville, en parcourant les quartiers solitaires, en cheminant dans ces rues mornes bordées d'anciens hôtels dont nul ne vient plus soulever le heurtoir sculpté.

A cette époque, cependant, où le mot *décentralisation* n'était pas inventé, chaque ville avait encore une vitalité intellectuelle qui lui était propre. On dînait à midi, et, l'été, après une promenade sur le cours, on se réunissait à l'évêché ou dans quelque grand jardin de couvent pour y deviser des *belles-lettres*, comme on s'exprimait alors. On cultivait les Muses, on se communiquait le fruit de ses veilles. Le chanoine récitait quelque ode latine, le théologue lui signalait un *anapeste* défectueux; on demandait au président à mortier des nouvelles de sa traduction d'Horace.

Quel cri d'horreur eussent poussé ces gens si paisibles qui s'intitulaient poètes si soudain ils eussent vu surgir devant eux le poète fatal de 1830! si on leur eût parlé du *truculent* et du *macabre*!

Sans doute, on peut trouver mieux que cet art artificiel et mesquin qui n'avait ni profondeur, ni élévation, qui n'aspirait à aucun idéal, qui ne se rattachait en rien aux traditions de la vieille France; il convient, néanmoins, de le fêter de temps en temps comme une période de notre littérature.

À Amiens.

22.

Gresset représente cette école littéraire en ce qu'elle eut d'inoffensif; ce rimeur qui sut sourire ne fut ni un railleur dangereux, ni un poète érotique corrupteur; il ne chanta ni les filles d'Opéra, ni les boudoirs ; il personnifia par ses côtés honnêtes encore une époque où les plus graves avaient le loisir de badiner.

*Badiner*, *badinage*, être *badin* : qui comprendra aujourd'hui ce que ces termes signifient? Nous sommes autrement âpres et fiévreux, nous avons d'autres soucis, d'autres pensées, d'autres anxiétés!..

# Florian

Les Félibres, qui sont opportunistes à leur manière, ont imaginé d'aller chaque printemps couronner avec une certaine pompe, le buste de Florian à Sceaux. J'avoue que pour ma part, cette idée me plaît infiniment.

N'est-il pas charmant d'évoquer, en ce temps de naturalisme, ce doux auteur de tant de bergeries auquel les contemporains reprochaient seulement l'absence de ces loups qui, cependant, n'étaient pas loin? N'est-ce point une pensée ingénieuse, à notre époque incertaine du lendemain, que celle de faire revivre pour quelques minutes devant nous ce chantre de l'âge d'or qui, au sortir de la Bourbe, qu'on avait baptisée *Port-Libre*, s'en allait mourir à Sceaux, obsédé par un effroyable cauchemar qui lui montrait sans cesse l'échafaud?

On a cité souvent ce mot de Talleyrand : « Celui qui n'a pas vécu pendant les années qui précèdent 89 ne sait pas ce qu'est le charme de vivre. » On a écrit bien des pages intéressantes sur cette société d'alors, éprise des plus touchantes chimères et bercée par les plus étonnantes rêveries. Jamais personne — et c'est dommage — n'a pensé à tracer un tableau complet de ces joies enchantées qui furent suivies de jours si affreux.

Cette noblesse, qu'on dépeint aux badauds sous de si singulières couleurs, avait pris la direction du mouvement de rénovation sociale avec un entrain, un zèle, un enthousiasme qui font plus d'honneur à son cœur qu'à sa tête.

Il y avait là des types admirables. Le duc de La Rochefoucauld-Liancourt avait fondé dans ses terres une école d'arts et métiers. L'abbé de Salignac-Fénelon, qu'on avait surnommé l'*Evêque des Savoyards* et qu'on guillotina à quatre-vingt-trois ans, se privait littéralement du nécessaire pour sauver de la misère de petits malheureux auxquels il s'ingéniait à procurer des moyens de gagner leur pain.

Le duc de Penthièvre, dont la fille, la duchesse de Lamballe, subit, après avoir été égorgée, les mutilations que l'on sait, était un de ces vieillards bienfaisants jusqu'à l'aveuglement, comme les romans du temps nous en montrent quelques-uns, ouvrant sa bourse à qui se présentait.

La nuit du 4 Août, où tous ces membres des ordres privilégiés, tous ces hommes, dont beaucoup portaient l'épée et avaient su s'en servir en face de l'ennemi, renoncèrent spontanément à leurs droits et se dépouillèrent eux-mêmes, reste comme un témoignage de ces belles abnégations que la bourgeoisie, je le crains, n'est pas près d'imiter.

C'est au château d'Anet, chez le duc de Penthièvre, que Florian écrivit ses idylles, et l'on comprend qu'il ait vu la vie bleue dans le séjour ravissant où la vertu rehaussait toutes les élégances de l'aristocratie. Le matin, le bon Florian s'en allait,

Entrée du château d'Anet.

de la part du duc de Penthièvre, visiter les chaumières aux environs d'Anet ou de Sceaux ; le soir, idéalisant ce qu'il avait aperçu, il mettait en scène, au milieu d'une pastorale, ces braves gens qui devaient le dénoncer plus tard au Comité de salut public, lorsqu'en 92 il vint chercher un asile parmi eux.

Il serait injuste, cependant, de conclure de là que cette œuvre idyllique, qui contraste si étrangement avec les livres d'aujourd'hui, soit purement fictive et absolument fausse. Florian, comme peintre d'une époque, est plus intéressant à consulter que le sera Zola plus tard. Au contraire de Zola et de ses disciples, il ne décrit pas les mœurs réelles de son temps, mais il en réfléchit très exactement les sentiments.

Ce monde qui, alors, se piquait avant tout d'être sensible, vivait, ne l'oublions pas, dans une sorte d'illusion champêtre. Depuis la reine, qui se costumait en bergère à Trianon, jusqu'au dernier paysan, chacun croyait revenu le règne de cette nature qu'avait célébrée Rousseau. On dansait dans tous les villages au son des hautbois et des musettes, on couronnait partout des rosières, on célébrait des fêtes de l'Agriculture. La Terreur elle-même fut sentimentale et c'était avec des bouquets d'épis à la main que les Conventionnels traversaient la place de la Révolution les jours de cérémonies publiques, en se bouchant le nez, il est vrai, pour ne pas sentir l'odeur fade du sang dont le sol même était imprégné.

Dans un livre consacré à l'étude des Académies de province, M. Francisque Bouiller nous a montré Couthon félicité par ses compatriotes pour la sensibilité de son cœur; Robespierre était un ardent partisan de l'abolition de la peine de mort; Joseph Lebon élevait des centaines d'oiseaux.

Château de Sceaux.

Qui n'a écouté avec ravissement, entonnée en chœur par de fraîches voix d'enfants, cette romance si poétique sous de grands arbres, quand le jour descend et qu'un ciel un peu couvert semble annoncer l'orage :

Il pleut, il pleut, bergère
Ramène tes moutons.

Sur la terrasse des Tuileries, l'été, la ronde est

d'un effet ravissant. On se retourne involontairement pour regarder sur la place de la Concorde, que sillonnent les voitures allant au Bois, l'endroit où tomba la tête de Fabre d'Eglantine, qui avait, avant de mourir, fait passer de vie à trépas pas mal d'honnêtes gens. On sait d'où l'auteur de *Il pleut, bergère* tirait son second nom : lauréat des Jeux Floraux, il avait poétisé son nom patronymique avec un nom de fleur.

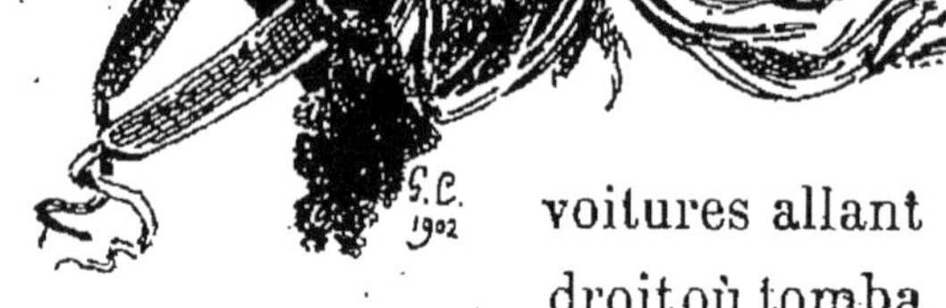

Claris de Florian, que Voltaire appelait Florianet, l'attendrissant auteur d'*Estelle*, de *Galathée*, de la *Bonne Mère*, aurait peut-être écrit *Il pleut, bergère* et certainement l'a chantée plus d'une fois; mais, quoique capitaine de dragons, il n'avait pas le ressort terrible qui fait les Charette et les Saint-Just; il n'avait pas non plus l'insouciante facilité au mal qui fait les Fabre d'Eglantine.

Florian, comme tant d'autres hommes de cette époque qui avaient horreur de la Révolution, mais qui en avaient encore plus de peur que d'horreur, fit cependant ce qu'il put pour se mettre au diapason des idées nouvelles. Sa musette qui avait chanté si gentiment les bois et les bergères essaya

Trianon.

d'enfler la voix pour célébrer les vertus des sans-culottes. Un musicien de talent, M. Julien Tiersot, a même retrouvé, il y a quelques années, le texte original d'une *Carmagnole* que rima Florian et qui fut publiée en pleine Terreur dans un cahier périodique des *Muses sans-culottides*.

J'aime à voir les fils d'Abraham (*bis*)
S'avancer dans le Chanaam (*sic*);
Les Cobourg du pays
Furent bientôt soumis
Par ce peuple de frères;
Soyons unis, soyons unis,
Par ce peuple de frères :
Soyons unis,
Mes amis.

Deux frères, fils de Jupiter (*bis*),
L'un pour l'autre allaient en enfer (*bis*).
Envions tous le sort
De Pollux et Castor,
Et mourons pour nos frères;
Soyons unis, soyons unis,
Et mourons pour nos frères;
Soyons unis,
Mes amis.

Que faut-il au républicain (*bis*)?
Une arme, du cœur et du pain (*bis*),
L'arme pour l'étranger,
Du cœur pour le danger
Et du pain pour ses frères;
Soyons unis, soyons unis,
Et mourons pour nos frères;
Soyons unis,
Mes amis.

Il y en a encore trois couplets, pas plus féroces que les premiers. Quelle différence avec la vraie *Carmagnole*, la *Carmagnole* de « Madame Veto » et du « gros paour » que Paris hurlait dans les grandes journées pour s'exciter à la vengeance et au massacre! Ici le chant révolutionnaire prêche la fraternité et l'union; la nature du

La Bourbe.

poète a repris le dessus et sa *Carmagnole* tourne à la bergerade...

Je ne sais quelle figure a Florian sur sa statue. En tout cas, il apparaît sur son portrait avec une tête à la Gresset, une jolie petite tête d'oiseau un peu triste. Et par le fait, ce fut un oiseau : il chantait gaiement, apprivoisé qu'il était dans une volière princière ; puis on le prit un matin sous les ombrages de Sceaux, on le mit dans une vraie cage, on le lâcha ; en battant de l'aile, il s'en retourna vers les jardins accoutumés. Il alla de bocage en bocage, appelant vainement toutes sortes de Tityres et toutes sortes de Galathées que Sanson avait tirés par les cheveux pour les bien ajuster dans la lunette. Le 15 septembre 1794, on le trouva mort comme les oiseaux qu'on découvre sous une touffe d'herbes avec leur petit bec caché dans leurs plumes....

Les Félibres ont eu une bonne idée en tout cas en accordant un souvenir à ce poète qui, né dans les Cévennes d'une mère espagnole d'origine, Gillette de Sargues, se rattache de loin à leurs traditions.

Sans doute l'œuvre de Florian, qui contient, je crois, 29 volumes, n'est pas comprise dans le bagage que la gloire emporte avec elle à travers les âges. *Les Fables* n'ont point cette philosophie profonde qui rend impérissables celles de La Fontaine. La goutte d'essence qui fait d'une *maxime* de La Rochefoucauld, d'un *caractère* de La Bruyère ou d'une *fable* de La Fontaine un chef-d'œuvre exquis, s'est bien délayée dans Florian, et le vers, inconsistant et mou, ne rehausse pas une pensée flottante et vague.

N'importe ! l'auteur de *Claudine* et de la *Petite Savoyarde* a eu son succès et son heure. Où en seront, dans cent ans, tant de merveilles ciselées avec grand soin, prônées avec grand bruit, lancées avec grande adresse? Que de mousse déjà sur le monument de Chateaubriand ! Que de poussière sur la majeure partie de l'œuvre de Lamartine ! Que de vert-de-gris sur ce cuivre si habilement travaillé de Gautier qui, jadis, nous semblait rendre le son de l'or pur !

Église de Sceaux.

Nous prononcions tout à l'heure le nom de Zola. Au siècle prochain Coupeau sera plus démodé que Némorin; Gervaise semblera plus surannée qu'Estelle, et il ne faudra même pas attendre un siècle pour constater l'oubli profond où seront tombés ces héros du roman naturaliste, aussi bruyants que malpropres. Pour quelques génies privilégiés qui s'attaquent au vif même de l'être humain, créent des types éternels, que de talents dont les yeux ne peuvent apercevoir que le côté passager et la superficielle apparence des hommes de leur temps !

Faut-il donc condamner sans rémission ces écrivains, coupables seulement d'avoir vieilli ? Tel n'est point mon avis. Auprès du Panthéon, où planent les Olympiens radieux, je comprends les *arcæ*, les chapelles des demi-dieux et jusqu'aux autels plus modestes des petites divinités domestiques que l'on va à certains jours visiter avec des branches de feuillage à la main et des chansons sur les lèvres....

Grèce!

# André Chénier

Tous les héros de la Révolution, tous les Jacobins, qui figurèrent avec un peu d'éclat dans le « bloc », ont été glorifiés à tour de rôle par ceux qui se prétendent leurs petits-fils et qui ne sont en réalité que leurs singes.

En dépit des massacres de Septembre qui marquent sa face léonine d'une indélébile tache de sang, Danton a sa statue en plein Paris. Une plaque de marbre sur une maison rappelle au passant le souvenir de Camille Desmoulins, ce *gamin de génie*, comme disait Michelet, dont on est parfois tenté d'oublier les crimes pour ne songer qu'à son amour touchant pour sa Lucile. Marat lui-même, le féroce et hideux Marat, eut pendant quelque temps, dans un de nos jardins publics, son monument commémoratif sur lequel venaient se poser les pierrots ingénus.

Cette préoccupation qu'a eue de tout temps le parti de la Révolution, de rendre hommage aux ancêtres dont il se réclame, n'a d'égale que l'indifférence et l'ingratitude navrantes dont on paie dans le camp adverse des hommes comme Chénier, qui ont donné leur vie pour défendre les éternelles vérités sociales. Sans doute, le poète touchant de l'*Oarystis* vit dans le souvenir de tous les lettrés, car l'Art est moins trompeur que la Politique; mais combien y en a-t-il qui sachent que l'artiste délicat et tendre fut un citoyen intrépide; qu'il lutta énergiquement contre la Montagne; qu'en pleine Terreur, il osa flétrir, au nom de l'Humanité, les crimes qui déshonoraient la Révolution?

M. Oscar de Vallée a eu l'idée, il y a quelques années, de remettre en lumière ce côté trop méconnu de cette noble figure. Son livre se rattache en quelque manière à l'œuvre de Taine, puisque l'auteur de la *Conquête Jacobine* nous montre le milieu et que l'auteur d'*André Chénier et les Jacobins* nous montre une individualité d'élite évoluant dans ce milieu.

Le rôle pris par André Chénier est d'un caractère très original. L'auteur de l'ode à Charlotte

Corday, qui a salué de strophes enthousiastes la Révolution naissante, n'est pas un fidèle de la royauté; il n'appartient pas à ce groupe vaillant qui rédigea les *Actes des apôtres* avec tant de verve et d'esprit. A dire le vrai, ce n'est pas un réactionnaire; il n'a point ce tempérament spécial, cette organisation particulière qui jette irrésistiblement certains écrivains dans les rangs de la réaction. Son opposition ne s'inspire pas non plus de ces sentiments religieux qui poussent les croyants à défendre leur foi; elle est étrangère à ces convictions d'ordre supérieur qui, moins vacillantes et moins promptes aux accommodements que les convictions de l'ordre politique, interdisent impérieusement à tout homme de cœur de souscrire à ce que sa conscience réprouve.

A cette époque, — et le fait est à noter comme signe des temps, — ce qu'on nomme aujourd'hui un clérical n'existait guère qu'en Vendée. Sans justifier tout ce qu'on a écrit contre eux, le clergé et les congrégations d'alors n'avaient point le prestige que leur ont donné en notre siècle les vertus et l'éloquence des Dupanloup, des Lacordaire, des Ravignan, des Gratry. Au lieu de rallier autour d'elle comme aujourd'hui tous les généreux esprits, l'Église, à la fin du XVIIIe siècle, était indifférente à ceux mêmes qui ne l'attaquaient pas.

Chénier, nous le répétons, n'obéit, dans sa lutte avec les Jacobins, à aucun mobile ordinaire. Ce n'est pas un partisan du Passé, un aristocrate, puisqu'il a été un des premiers à se déclarer pour les principes de la Révolution; c'est simplement un citoyen dont le cœur se soulève de dégoût devant les atrocités auxquelles il assiste. Celui qui, au delà de l'école classique, a été boire à la source même de l'art grec, agit comme s'il était né dans une république antique. Il se souvient que Solon a déclaré infâme l'Athénien qui resterait neutre au milieu d'une sédition, et il vole au secours de la chose publique, de la Patrie.

Maison d'André Chénier

Carrefour de la rue de Cléry.

Gaston Coindre 1902

Circonstance curieuse et sur laquelle, à mon avis, M. Oscar de Vallée n'a peut-être pas suffisamment insisté, il ne possède pas un journal à lui, il ne fait même partie d'aucun journal. Le *Journal de Paris*, désorienté et troublé par les événements qui se précipitent, cherche avec Rœderer à se mettre du côté du manche, ce qui n'est pas aussi facile qu'on le suppose, à certaines époques où on ne sait pas toujours au juste de quel côté est le manche.

Pour concilier cependant, dans la mesure du possible, sa conscience et ses intérêts, il offre, moyennant une rétribution, son supplément à ceux qui croiront avoir quelque chose d'utile à dire. André Chénier s'empare de ce supplément, s'en fait une tribune pour parler à tous, et, laissant déborder l'indignation qui gronde dans son âme, il publie cet article intitulé : *Les Autels de la Peur*, la plus brillante improvisation qui soit sortie d'une plume de journaliste.

Quoique lié par ces vives amitiés, dont il ressentait tout le charme, avec les frères de Panges et d'autres royalistes, André Chénier, en réalité, combat en isolé, et je trouve que c'est un spectacle magnifique en son originalité que celui de cet homme qui lutte, seul et sans appartenir à aucun groupe déterminé, pour des principes supérieurs à tous les partis.

Après le 10 Août, au nom de la liberté de la presse, tous les journaux hostiles ou tièdes sont supprimés et le feu est mis aux presses du *Journal de Paris*.

Au moment du procès du roi, Chénier découvre de nouveau un coin de journal pour exprimer ses idées, et c'est alors qu'on voit cette collaboration saisissante comme contraste : Chénier s'entendant avec Malesherbes pour la défense du fils de saint Louis.

Les quelques articles de Chénier parus à cette date, dans le *Mercure français*, sont encore très précieux à étudier comme un indice des sentiments du temps. C'est une preuve nouvelle de la façon différente dont les même faits impressionnent les contemporains et la postérité. Au point où nous sommes, peu d'événements nous paraissent d'une plus terrible solennité que le jugement du descendant de tant de rois par une Assemblée ennemie. Cette scène semble n'avoir produit, chez ceux qui en furent témoins, qu'une émotion relative. Même dans le cœur d'un être plein de générosité et d'intrépidité morale, comme Chénier, le sort de l'infortuné monarque n'éveille aucun dévouement chevaleresque.

Ainsi qu'il est arrivé à quelques hommes de notre temps, ce pauvre roi, par son absence totale de volonté, a visiblement éteint autour de lui, sinon toute pitié, du moins toute sympathie ardente. Les arguments que met en avant Chénier ne sont guère que des arguments de procédure. N'y a-t-il pas là matière à réflexion pour le philosophe comme pour l'historien? Napoléon a fait tuer, par une ambition qui, à la fin, était devenue délirante, plus d'un million de créatures humaines, et sa chute a un aspect grandiose. Louis XVI tombe pour avoir refusé jusqu'au dernier instant de faire verser le sang, et son malheur n'excite,

Idylle I.

même chez des âmes foncièrement belles, qu'une compassion presque dédaigneuse.

Pendant les premiers mois de 93, Chénier se retire à Versailles; il traverse une phase de découragement; il se réfugie dans le sein de la nature; il parcourt les bois avec la femme qu'il aime. Il se demande peut-être, comme beaucoup à l'heure actuelle, si l'Art pour l'Art ne tient pas lieu de tout autre sentiment et si, quand la campagne est pleine d'enchantement, il vaut la peine de se préoccuper

Saint-Lazare :
Salle des détenus en 1793.

des scélératesses ou des petitesses de nos semblables.

Le coup de poignard de Charlotte Corday le fait rougir de cette lâche indifférence; il écrit cette ode admirable qui le voue à l'échafaud.

C'est sous les verrous que Chénier improvise ses ïambes enflammés contre les pourvoyeurs de guillotine. Il faut aller jusqu'aux *Iambes* de Barbier, ou plutôt jusqu'aux *Châtiments*, pour retrouver cette puissance d'accent, cette énergie dans l'expression. Mais combien la situation est différente! Barbier ne jette l'anathème qu'à Napoléon, mort depuis longtemps. C'est dans une installation confortable, à l'abri de tout péril, que Victor Hugo flétrit ceux qu'il appelle des tyrans; c'est entre deux four-

Le *Casse-cou*, à Saint-Lazare.

nées, au roulement des funèbres charrettes, que Chénier lance l'invective aux « bourreaux barbouilleurs de lois ».

C'est un pauvre poète, ô grand dieu des armées!
  Qui seul, captif, près de la mort,
Attachant à ses vers les ailes enflammées
  De ton tonnerre qui s'endort,
De la vertu proscrite embrassant la défense,
  Dénonce aux juges infernaux
Ces juges, ces jurés qui frappent l'innocence,
  Hécatombe à leurs tribunaux.

Ainsi proteste Chénier prisonnier, et parfois une note mélancolique traverse ces ïambes vengeurs. Le poète songe au dehors, à ses amis qui l'ont abandonné :

Que pourraient mes amis? Oui, de leur main chérie,
  Un mot à travers mes barreaux
Eût versé quelque baume en mon âme flétrie;
  De l'or peut-être à mes bourreaux....
Mais tout est précipice... ils ont eu droit de vivre,
    Vivez, amis, vivez contents!
En dépit de Fouquier, soyez lents à me suivre.
  Peut-être, en de plus heureux temps,
J'ai moi-même, à l'aspect des pleurs de l'infortune,
  Détourné mes regards distraits;
A mon tour aujourd'hui; mon malheur importune.
    Vivez, amis, vivez en paix!

Quelques heures avant le 9 Thermidor, par un radieux soleil de juillet, Chénier montait à l'échafaud après Roucher, qui avait été guillotiné le premier, le deuxième d'une fournée de vingt-cinq victimes.

Cimetière de Picpus où repose André Chénier.

Il mourait pour avoir défendu la cause de l'humanité, et c'est à peine, il convient d'insister sur cette iniquité, si ce côté de sa personnalité avait été mis en relief avant M. Oscar de Vallée....

Donnez aux partis extrêmes une individualité comme celle-là, une figure qui, en dehors du mérite littéraire, a tout ce qu'il faut pour parler à l'imagination. Supposez un homme de génie, beau, jeune, irréprochable, supplicié par un roi qu'il aura bravé jusque sur les marches d'un échafaud. Rien n'aurait été de trop pour immortaliser cette pure mémoire; le marbre et le bronze auraient été mis à contribution; on organiserait chaque année des fêtes en son honneur; on ferait réciter ses strophes par les enfants. Chénier a défendu la société sans l'ombre d'une arrière-pensée d'intérêt personnel, et aucun de ceux qui pensent comme lui n'a jamais eu l'idée de rendre un public hommage à son héroïsme.

Courier, styliste raffiné, mais intelligence étroite, sans enthousiasme et sans flamme, a un monument pour avoir ciselé quelques épigrammes contre les prêtres. Chénier, l'interprète sublime de la pensée de tous sous la Terreur, n'en a pas, et si un comité s'organisait pour lui élever une statue place du Trône, il est probable qu'il ne recueillerait pas deux mille francs.

Les partis que l'on s'obstine à appeler conservateurs, bien qu'ils n'aient jamais rien pu conserver, pourraient trouver dans ce contraste l'explication de leurs perpétuelles défaites et des continuels succès de leurs adversaires....

# UNE VICTIME DE BEAUMARCHAIS

L'ABBÉ Ricard nous a tracé jadis une amusante silhouette de ce pauvre Marin, qui éprouva tant de disgrâce en sa longue existence. Un souffle de tempête agite, depuis le berceau jusqu'à la tombe, la vie de ce gazetier provençal, et il semble que le mistral devait souffler le jour où il naquit à La Ciotat.

Marin, auquel les pamphlets de Beaumarchais assureront une immortalité qu'il n'eût pas conquise par ses propres travaux, descendait d'une des plus anciennes familles d'Italie, les Marini, qui vinrent, vers le XIIIe siècle, se fixer en Provence. Lui-même a raconté les aventures de sa jeunesse dans une lettre adressée à Jean-Jacques Rousseau :

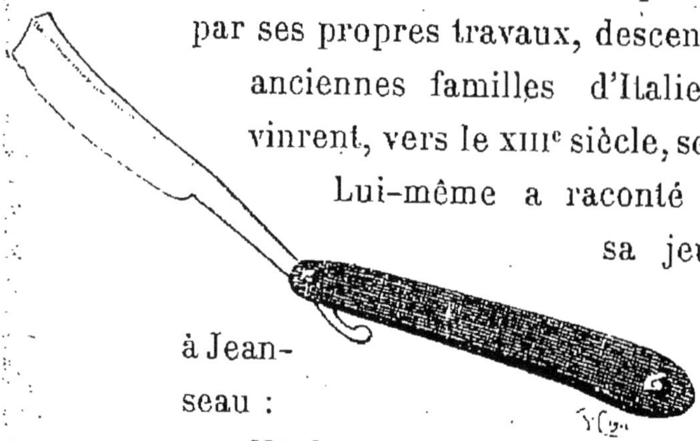

« Né dans une petite ville de province, j'eus un père que l'amour des découvertes entraîna dans les régions éloignées. A son retour, son vaisseau échoua contre un rocher en entrant dans le port; mon père périt et les vagues portèrent son cadavre à la porte de la maison où nous l'attendions pour l'embrasser. J'étais dans l'enfance, et ce malheur fut le premier qui éclaira ma raison naissante.

« Je ne vous dirai pas comment la petite fortune que j'avais en partage me fut enlevée. Le Ciel maudit les enfants qui révèlent la honte de leur famille. Ma mère me donna un maître en se donnant un nouvel époux. Cet homme m'arracha à mes études et m'emmena dans le Levant. Là, en revenant de la messe d'une église des Grecs située à la campagne, je fus saisi par une troupe de femmes arabes qui allaient me vendre en Afrique, et délivré par le consul anglais qui n'entendait pas la messe et chassait avec ses janissaires dans les environs; je reçus un coup de sabre sur la tête d'un Bédouin qui croyait frapper un Français de ses ennemis, et qui me mit aux portes du trépas. Je fus pris par des Algériens qui me conduisirent en esclavage, et repris par des chrétiens qui me rendirent à ma patrie, après mille autres aventures qu'on ne manque jamais d'essuyer dans un voyage de trois années. »

Après toutes ces péripéties, Marin, auquel un bon prêtre, l'abbé Fabre, grand ami de l'héroïque Belzunce, avait enseigné les belles-lettres, vint à Paris, travailla courageusement, et finit par se faire recevoir avocat au Parlement; il entra comme précepteur dans la famille de Rosen, alliée aux Gramont et aux Broglie. Ce fut l'origine de sa fortune, qui resta toujours assez modeste quoiqu'elle ait excité beaucoup l'envie. Une *Histoire de Saladin* fit connaître le jeune écrivain, qui devint censeur royal.

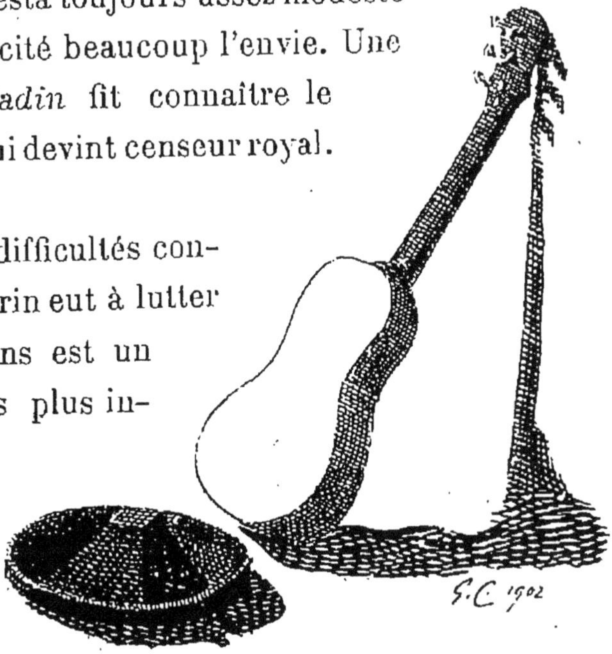

L'analyse des difficultés contre lesquelles Marin eut à lutter dans ces fonctions est un des chapitres les plus intéressants, à coup sûr, de l'ouvrage de M. l'abbé Ricard.

Tout ce qui touche au fonctionnement de la censure au XVIIIe siècle, est, d'ailleurs, d'un capital intérêt. Rien ne révèle mieux l'aveuglement de ce monde qui conspire contre lui-même, et réserve ses faveurs pour ceux qui veulent renverser la société. On eût compris qu'on laissât toutes les opinions se produire en toute liberté, mais ce qui confond l'imagination, c'est de voir un gouvernement bâillonner ceux qui essayent de le défendre.

Nous avons raconté, à propos de Diderot, la lutte de l'intrépide Fréron contre les Philosophes; nous avons montré Malesherbes mutilant ses articles, l'empêchant de riposter aux attaques les plus odieuses, obligeant le terrible critique à supporter les personnalités les plus outrageantes. L'école de l'Encyclopédie avait la largeur d'idées de tous les libéraux; elle n'admettait même pas qu'on pût critiquer littérairement les ouvrages de ses adeptes. Basses adulations, louanges hyperboliques aux puissants, calomnies, rien n'était épargné par elle pour rendre toute discussion impossible; comme les Jacobins de Taine, les Philosophes « aimaient la camisole de force, mais sur le dos des autres ».

Un curieux ouvrage de l'abbé Proyard, qu'on ne lit pas assez : *Louis XVI et ses vertus*, est plein de détails inouïs sur cette connivence de l'autorité avec les démolisseurs. Tandis que circulaient partout des ouvrages sur les crimes des rois et des prêtres, le pauvre abbé est obligé à un an de démarches pour obtenir un censeur pour sa *Vie du Dauphin* qui semblait d'un caractère trop monarchique et trop religieux. Malesherbes le berne honteusement; on lui envoie un émissaire pour lui offrir un bénéfice s'il veut renoncer à la publication de son livre; il se décide à le faire imprimer clandestinement et on l'oblige à le cartonner en divers endroits.

Folie-Beaumarchais.

Marin, nous l'avons dit, était du Midi; il comprit vite la situation, et sans s'obstiner, comme Fréron, à combattre pour ceux qui tenaient à périr, il louvoya fort habilement; pour Voltaire, il devint frère Marin. Pour le patriarche de Ferney, frère Marin était un grand homme dès qu'il pouvait être utile; on voulait le faire entrer à l'Académie; on autorisait d'Argental à faire luire à ses yeux des avantages plus matériels encore s'il autorisait le *Dictionnaire philosophique portatif.*

« Si frère Marin n'était pas riche, si on pouvait lui proposer quelque avantage de l'impression du *Portatif* par l'auteur, modifié, raisonnable, décent, irréprochable et même un peu pédantesque, cela ne serait peut-être pas mal avisé. »

Dès que Marin fut disgracié, il n'y eut plus de frère ; il n'y eut plus que l'*Hippopotame*, auquel on n'épargnait pas les railleries.

Grâce à ces ménagements, Marin se poussa assez rapidement aux emplois supérieurs ; il devint secrétaire général de la librairie, puis directeur de la *Gazette de France.*

Malgré tout, dans d'aussi épineuses fonctions, le censeur s'était créé des ennemis. Le métier de journaliste officieux n'était guère plus commode alors qu'à notre époque. L'affaire de l'hydroscope excita des risées semblables à celles qu'excita, de notre temps, la publication du fameux traité avec Mme Cailhava, la chercheuse de trésors.

Fort serviable envers ses *pays*, Marin avait fait un chaleureux éloge d'un Marseillais nommé Parangue, qui prétendait avoir l'œil assez perçant pour découvrir les sources à l'intérieur de la terre.

Il n'en fallut pas davantage à Grimm et à Bachaumont pour s'égayer aux dépens de l'écrivain qui prêtait à de pareilles bourdes l'appui d'un journal comme la *Gazette de France*.

Marin, cependant, résistait, tant bien que mal, lorsque tomba sur lui, non plus une tuile, mais une maison tout entière sous la forme des célèbres Mémoires de Beaumarchais.

Nous ne conterons pas au long cette affaire embrouillée. Les épurations politiques n'ont jamais relevé le niveau de la magistrature; pour remplacer les parlementaires chassés de leurs sièges, Maupeou avait dû faire des choix un peu hasardeux. Un des juges nommés par lui, Goëzman, était rapporteur d'un procès entre Beaumarchais et l'héritier du fournisseur Paris-Duverney. En homme qui sait comment se traitent les affaires, Beaumarchais, pour avoir audience, avait donné cent louis, une montre d'or et quinze louis à la femme de Goëzman. Il perdit son procès, et Mme Goëzman, comme il était convenu, lui rendit

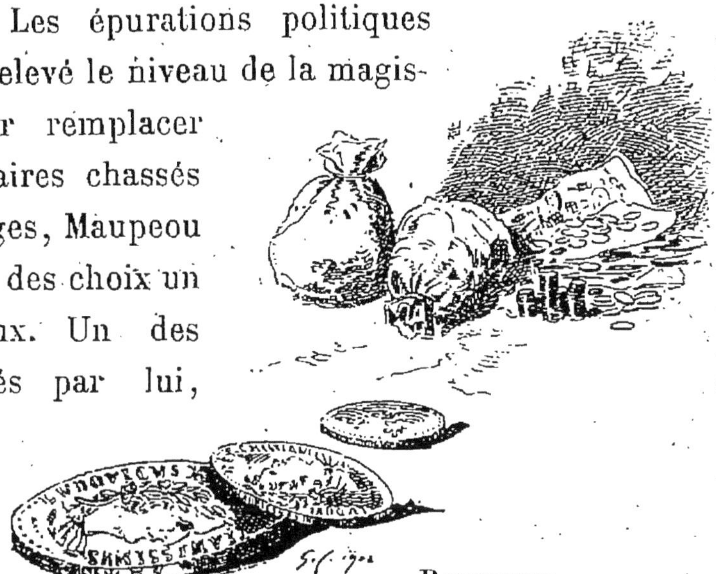

Ruines
de la Folie-Beaumarchais.

les cent louis et la montre, mais garda les quinze louis, qu'elle prétendit avoir remis au secrétaire de son mari.

Marin eut le tort, cette fois, de vouloir faire du zèle et de prendre le parti de Goëzman, dans la crainte que le scandale ne retombât sur le chancelier Maupeou et sur le gouvernement. On sait ce que devint l'infortuné entre les mains du redoutable pamphlétaire; il fut écrasé, secoué, houspillé, lardé, déchiqueté. Ce Paris, qui est toujours du côté de l'esprit, fut sans pitié; les petits théâtres s'en mêlèrent. Le *qu'es aco? Marin* fut populaire en quelques heures. La frivole princesse qui prit sous son patronage le *Mariage de Figaro*, et qui devait payer si cruellement sa légèreté, rit aux éclats du *qu'es aco?* et commanda une coiffure à la *qu'es aco?* qui fit fureur.

C'est toujours la même histoire alors, le même abandon par le pouvoir lui-même des hommes qui soutenaient le pouvoir. C'est en ceci, d'ailleurs, qu'éclate la différence du sens politique entre les révolutionnaires et les conservateurs. Les conservateurs sont toujours prêts à renier les leurs, les républicains défendent leurs partisans jusqu'à la dernière extrémité, poussent des cris de paon dès qu'on les soupçonne, et protègent leur mémoire jusque dans la mort.

Il faut lire dans l'ouvrage de l'abbé Ricard les pages qui ont pour titre : *Marin est perdu.* Le Marseillais s'émeut au souvenir de son compatriote ; il nous le montre vaincu, honni, venant se réfugier à La Ciotat, dans ces lieux qui furent témoins des jeux de son enfance, songeant à la dureté de ce

A La Ciotat.

grand Paris, où il avait quelque temps été une espèce de personnage, méditant sur l'ingratitude de tous ceux qu'il avait obligés.

Marin, qui avait acheté une charge de lieutenant général de l'amirauté au siège de La Ciotat, passa quelques années heureuses au milieu de gens qui l'aimaient, mais il était dans sa destinée de n'être jamais complètement tranquille. Il s'avisa de découvrir une ville antique, Tauroentum, et les polémiques recommencèrent. La querelle dura quarante ans, et pour empêcher les Méridionaux de se disputer bruyamment sur les origines de la cité retrouvée, les douaniers prirent le parti de jeter petit à petit toutes les ruines à la mer. Telle est, du moins, la version de Méry dans une lettre étincelante adressée par lui à Alexandre Dumas.

« M. Marin, dit Méry, a publié un livre sur les ruines de Tauroentum ; il a donc vu ces ruines. Aujourd'hui elles ont disparu, et, en disparaissant, elles ont rendu un véritable service aux voyageurs qui, en débarquant sur le rivage, étaient assaillis par la tempête d'une formidable controverse engagée entre Marin et les partisans de la *Statistique* du département.

« Un préposé de M. Marin était domicilié dans une cuve du bain de Diane, et il attendait les voyageurs pour leur exposer les doctrines de son maître. Dès que M. Brémond, le représentant des théories de la *Statistique*, remarquait une certaine agitation sur le rivage de Tauroentum, il partait en canot de La Ciotat et venait soutenir ses principes avec une voix de mistral. Les voyageurs étaient fort à plaindre en ce temps-là.

« Enfin la douane vint, et des jours plus doux commencèrent pour Tauroentum. Les douaniers firent d'abord condamner M. Marin et M. Brémond comme contrebandiers; puis ces mélancoliques préposés, cherchant un remède à leurs ennuis administratifs, égratignèrent pierre à pierre les ruines des temples de Vénus, de Diane, de Neptune, pour faire des ricochets dans le golfe, *quum placidum ventis staret mare*. M. Brémond publia une satire pleine de sel attique contre les douaniers. Ce fut le dernier effort de la science en faveur de Tauroentum. Une génération de douaniers épuisa les ruines en ricochets, toute l'antiquité y passa. On n'y trouva plus, pour la controverse, la moindre pierre d'achoppement. Le rivage reprit sa nudité rocailleuse des premiers jours de la création. »

La Révolution, qui tua Goëzman, ne tua pas Marin; elle se contenta de le ruiner. Il revint à Paris, reprit ses fonctions de censeur et mourut à quatre-vingt-quatre ans.

# Dupleix

---

En ces dernières années de fiévreuse expansion coloniale, la grande figure de Dupleix est redevenue d'actualité. On a daigné se souvenir en France de ce glorieux Français, de ce génie admirable et complet auquel rien ne manque, qui eut à la fois l'audace du conquistador, l'instinct de l'homme de guerre, la science et l'expérience de l'organisateur.

Jusqu'alors, Dupleix n'avait encore été dignement loué que par les Anglais qui ne firent, d'ailleurs, que reprendre son œuvre et continuer sa politique. « Il était bien supérieur à nos agents, a dit Campbell, en qualités politiques, et s'il avait trouvé le même appui qu'eux dans la mère-patrie, il est plus que probable que l'empire des Indes appartiendrait aujourd'hui à ses compatriotes. »

Rien n'est beau comme la tentative de cet homme isolé qui, à force d'habileté, d'intelligence, de patriotisme, parvint, en quelques années, à se rendre maître de l'Inde.

Simple représentant d'une compagnie marchande, très faiblement encouragé par le cabinet de Versailles, Dupleix, tour à tour négociant et combattant, se fait des amis des rajahs influents, achève par la douceur ce qu'il a commencé par la fermeté, frappe les imaginations orientales par le faste qu'il déploie. La Bourdonnais est d'abord son auxiliaire dévoué et enlève Madras aux Anglais; puis il cède à de mesquines considérations de vanité et se brouille avec l'homme qu'il était fait pour compléter. Resté seul, Dupleix ne se décourage pas et il en arrive à être l'empereur incontesté de l'Inde. La France, grâce à lui, possède là-bas, pendant un moment, 30 millions de sujets; elle règne sur 200 lieues de côtes!

Comment le gouvernement français renonça-t-il à ces magnifiques possessions? Comment abandonna-t-il l'homme qui avait accompli de tels prodiges? Un semblable aveuglement demeure inexplicable. Ici, on ne peut accuser la Révolution, qui a une si large part dans la décadence de la France; il faut reconnaître que c'est la royauté qui seule est coupable et coupable dans des conditions qui constituent une véritable trahison envers le pays.

Il est impossible d'imaginer spectacle plus émouvant que celui de ce malheureux qui voit tout à coup s'écrouler le rêve de toute sa vie. On envoie au gouverneur un nommé Godeheu, qui accable d'abord d'hypocrites protestations d'amitié celui qu'il vient expulser.

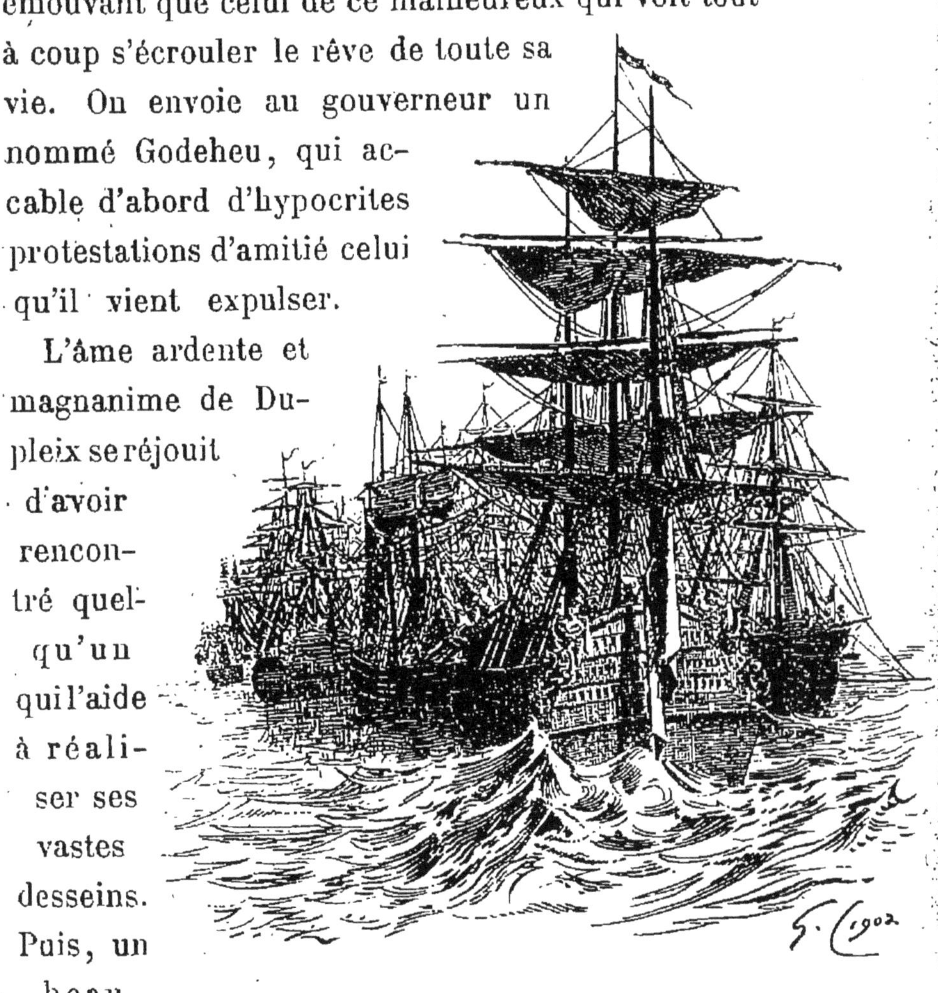

L'âme ardente et magnanime de Dupleix se réjouit d'avoir rencontré quelqu'un qui l'aide à réaliser ses vastes desseins. Puis, un beau jour, devant le conseil réuni, Godeheu montre l'ordre du roi qui ordonne à Dupleix de revenir en France et autorise son remplaçant à l'arrêter s'il résiste.

Dupleix reste impassible; on ne devine l'émotion intérieure de ce cœur brisé qu'à un léger tremblement des mains; puis le héros redevient de plus en plus maître de lui-même; il accepte le sacrifice, il se lève, et, dans le morne silence qui règne dans la salle, il crie d'une voix retentissante : « *Vive le roi !* »

Ce *Vive le roi!* adressé à ce triste Louis XV qui, du fond d'un sérail, détruit l'œuvre d'un grand citoyen, est un mot tout anglais. Il représente, par ses côtés les plus douloureux et aussi les plus nobles, le respect, non à un homme, mais à un principe; il augmente devant l'étranger, par l'obéissance immédiate à un ordre, le prestige de la Patrie à l'instant où elle s'abaisse elle-même.

La conduite de la cour de Versailles fut absolument honteuse. Dupleix, créancier de 13 millions qu'il avait avancés pour les fortifications de Pondichéry et pour la solde des troupes, ne put obtenir un sou. Celui qui avait traité d'égal à égal avec les rajahs les plus hautains, traîna dans les antichambres de Versailles l'existence du solliciteur. Sa femme, qui avait été sa collaboratrice infatigable, connut la misère avec lui.

Ce fut, d'ailleurs, une héroïne de roman que cette Jeanne de Castro, parlant tous les dialectes de l'Inde; douée, à ce que prétendaient les Indous, d'une puissance surnaturelle, et appelée par eux la princesse Jeanne (*Johanna begoum*).

Dupleix lui-même, avec sa haute prestance, son allure de dominateur, ses yeux tour à tour terribles et doux, n'avait rien d'un personnage ordinaire.

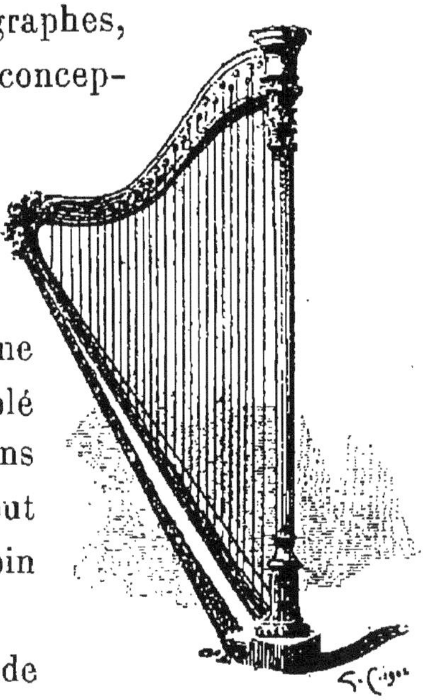

« Il eut, dit l'un de ses biographes, M. Tibulle Hamont, le don des conceptions claires et précises. Elles naissaient spontanément dans ce cerveau, pour qui la difficulté n'était qu'un stimulant. L'action lui était aussi facile. Il ne s'y montrait ni hésitant ni troublé et s'embarrassait peu des chemins à suivre pour arriver au but, tout prêt à en construire un au besoin s'il n'y en avait pas.

« Il est né avec l'instinct de l'administrateur, du général, du diplomate et avec l'âme d'un artiste. Son esprit a gardé l'empreinte des passions de la jeunesse. Il a toujours le même besoin d'allier le rêve à la réalité, le même goût de musique et de poésie. Quand les soucis l'assiègent, il saisit sa harpe, il compose des symphonies, et, au son des accords harmonieux, il oublie ses inquiétudes. »

Jeanne de Castro mourut avant Dupleix, et le

pauvre grand homme continua à écrire mémoires sur mémoires que les ministres jetaient au feu sans les lire.

Écoutez ce que disait quelques jours avant sa mort le conquérant de l'Inde, menacé d'être chassé de son domicile faute de mille francs :

« J'ai sacrifié ma jeunesse, ma fortune, ma vie pour enrichir ma nation en Asie. D'infortunés amis, de trop faibles parents consacrèrent leur bien au succès de mes projets. Ils sont maintenant dans la misère et dans le besoin. Je me suis soumis à toutes les formes judiciaires; j'ai demandé comme le dernier des créanciers ce qui m'est dû. Mes services ont été traités de fables; ma demande est dénoncée comme ridicule; je suis traité comme l'être le plus vil du genre humain. Je suis dans la plus déplorable indigence; la petite propriété qui me restait vient d'être saisie; je suis contraint de demander une sentence de délai pour éviter d'être traîné en prison. »

Quelques jours après, le 11 novembre 1763, l'infortuné expirait. On a conservé le procès-verbal du commissaire au Châtelet qui vint pour procéder au récolement dans la maison occupée par Dupleix, rue Neuve-des-Capucines. Il entra, dit-il, « dans une salle de rez-de-chaussée ayant vue sur une cour, qui était la chambre à coucher dudit sieur

Dupleix, » et il aperçut « étendu sur son lit à bas piliers, un corps mort masculin qu'on lui dit être celui de Dupleix ».

Un grabat entouré d'huissiers, voilà ce que la France a donné à l'homme qui a conquis les Indes.

En tout cas, la vie de Dupleix fait justice de bien des lieux communs trop facilement acceptés. On a dit que les Français n'avaient pas la tête épique, et la France a produit, aux heures de la jeunesse, cette *Chanson de Roland* et ces Chansons de Gestes qui ont inspiré tous les poètes de l'Europe; elle a enfanté, en notre siècle matérialiste,

Maison saisie.

cet épique prodigieux qu'on nomme Victor Hugo. Il n'est guère plus exact de prétendre que les Français ne sont pas colonisateurs.

Ce qui est vrai, c'est que si les conceptions de Richelieu et de Colbert avaient trouvé au, XVIII^e siècle, des hommes d'État capables de les apprécier et de veiller à leur exécution, le monde était à la France.

Ce qui est vrai encore, c'est que la colonisation de la France et celle de l'Angleterre ne se ressemblent pas.

Par l'ascendant de son génie essentiellement sociable, par le charme qui était en elle, la France d'autrefois avait conquis moralement, subjugué tous les peuples chez lesquels elle avait fondé des établissements. L'Inde a longtemps regretté la France; le Canada est resté Français par la langue, par l'esprit, par le cœur.

L'Angleterre ne conquiert pas, elle occupe solidement, vigoureusement, tenacement, mais à la surface seulement; elle ne prend racine nulle part. La poussée des Russes, portant toute leur force de ce côté, chasserait les Anglais des Indes, que les Indous auraient oublié au bout de dix ans ces occupants peu agréables et ne se souciant pas de l'être. Après tant de siècles, l'Irlande ne s'est pas encore assimilée, et conserve l'espoir de reprendre son autonomie. La mère-patrie est si peu tendre que le premier soin des colons d'Amérique a été de se séparer de leur mère et de se créer une autre patrie.

Que de vertus précieuses viennent compenser cette absence de toute qualité sympathique!

C'est vers l'Égypte ou vers le Transvaal qu'il faut regarder si l'on veut voir, dans une lutte saisissante, le fort et le faible de l'Angleterre.

Au lieu des races amollies de l'Inde, l'Anglais a eu devant lui dans les fanatiques du Mahdi un ennemi digne de lui. Quels admirables soldats que ces Arabes soutenus par leur foi, se précipitant au milieu des carrés ennemis, les enfonçant dans un irrésistible élan! Qu'importe la mort au croyant, au disciple enthousiaste du Prophète! N'est-il pas assuré de délices sans fin? N'est-ce pas à lui que s'appliquent ces vers superbes des *Poèmes tragiques* de Leconte de Lisle :

De musc et de benjoin et de nard parfumées,
Ses blessures luiront mieux que l'aurore au ciel.
Allah fera jaillir pour ses lèvres charmées,
Quatre fleuves de lait, de vin pur et de miel.

Les vierges, au front ceint de roses éternelles,
Dont les yeux sont plus clairs que nos soleils d'été,
Et si doux, qu'un regard tombé de leurs prunelles
Enivrerait Yblis soumis et racheté;

Les célestes Hùris, que rien d'impur ne fane,
Blanches comme le lys, pures comme l'encens,
Entre leurs bras légers, sur leur sein diaphane,
Multipleront l'ardeur sans déclin de ses sens.

Après avoir vaincu les armées du Mahdi, les Anglais ont fini par avoir raison de ces admirables Boërs dont l'héroïsme, soutenu par une foi profonde, a fait l'étonnement du monde.

Les héros du Transvaal ont été obligés quand même de succomber sous le nombre.

Sans doute tous les hommes qui ont conservé une conscience sont unanimes à flétrir cette hypocrite Angleterre qui a toujours le mot de philanthropie à la bouche et qui fusillait des prisonniers de guerre et condamnait à mourir de faim les femmes et les enfants entassés dans les camps de concentration. Il est impossible, malgré tout, de contester à ce peuple quelques-unes des qualités qui ont fait des Romains le Peuple-roi.

L'Anglais, opiniâtre et coriace, ne se décourage jamais. Comme à la boxe, il reçoit des coups sans crier *touché*; sans affolement, sans récriminations, il arme silencieusement des vaisseaux, il expédie des troupes nouvelles, il tient sa proie et ses dents dures ne lâchent jamais prise.

S'il eût été soutenu comme les généraux anglais le sont, alors même que leur imprévoyance et leur impéritie ont amené des désastres, que n'eût pas fait un homme comme le colonel Marchand? Par la fermeté d'âme, par la trempe de caractère, par la force de la volonté, par le don de se faire obéir et de conquérir les cœurs en même temps, celui-là semble rappeler Dupleix; il a dû éprouver à Fachoda, lorsqu'il reçut l'ordre d'abaisser le drapeau tricolore, quelques-unes des angoisses patriotiques de Dupleix désavoué par un gouvernement incapable; il a su obéir comme lui.

Autrefois la France savait se reprendre comme on le vit au moment de la conquête d'Alger.

Mais nous sentons que l'heure de ces aventures est passée. Les grandes saignées des guerres de la Révolution et de l'Empire semblent avoir débilité à jamais ce peuple qui ne fait plus d'enfants. A quoi bon coloniser quand on n'a pas un trop plein de population à faire émigrer au dehors?

Restons chez nous alors, tâchons de ne pas nous

y dévorer mutuellement, et dressons des statues tardives aux hommes que nous n'avons pas su comprendre quand ils vivaient!

L'Empire des Indes.

# La Mère de Louis XVI

Femme du Dauphin, fils de Louis XV, Marie-Josèphe de Saxe fut la mère de Louis XVI, et la tragique destinée du fils éveille notre curiosité sur tout ce qui touche à la mère. Par un contraste singulier, nulle figure plus séduisante et plus charmante ne fut entourée de plus d'ombre; il a fallu toute la sagacité et toute la persévérance de M. Germain Bapst (1) pour réunir quelques docu-

(1) L'*Inventaire de Marie-Josèphe de Saxe*, par M. Germain Bapst.

ments sur cette princesse bienfaisante et gracieuse, véritable violette de cour, qui cachait avec soin le parfum de ses vertus. N'en est-il pas presque toujours ainsi d'ailleurs? La moindre faute des puissants est racontée longuement, amplifiée, tandis qu'on garde le silence sur le bien qu'ils font.

Je ne sais rien de reposant comme la vision de ce ménage chrétien, de cet intérieur si pur et si tendrement paisible en plein règne de Louis XV, en plein XVIII^e siècle.

Fille de Frédéric-Auguste II, l'électeur de Saxe qui avait détrôné Stanislas Leczinski, Marie-Josèphe arrivait à Versailles dans des conditions difficiles et devait s'attendre à une certaine froideur de la part de la reine Leczinska. Par la séduction simple de ses manières et par son tact exquis, elle se concilia de suite tous les cœurs.

L'étiquette, nous raconte M. Germain Bapst, exigeait que la Dauphine, pendant certaine cérémonie de ses noces, portât en bracelet le portrait de son père. La reine aurait pu s'émouvoir en voyant porter comme un trophée le portrait du prince qui avait détrôné Stanislas. Déjà une partie de la journée s'était écoulée et toute la cour restait dans une gêne visible, lorsque Marie Leczinska rompit la glace en s'adressant à sa belle-fille :

« Voilà donc le portrait du roi votre père.

— Voyez comme il est ressemblant, ma mère. »

C'était celui de Stanislas.

La jeune princesse allait se heurter à d'autres difficultés. Marié en premières noces à Marie-Thérèse d'Espagne qui mourut en couches à Versailles en 1746, le Dauphin avait conservé vivant au plus profond de son âme le souvenir de celle qui n'était plus. Une scène émouvante qui se passa la première nuit du second mariage prouva combien la pensée de Marie-Thérèse obsédait sans cesse un prince que la

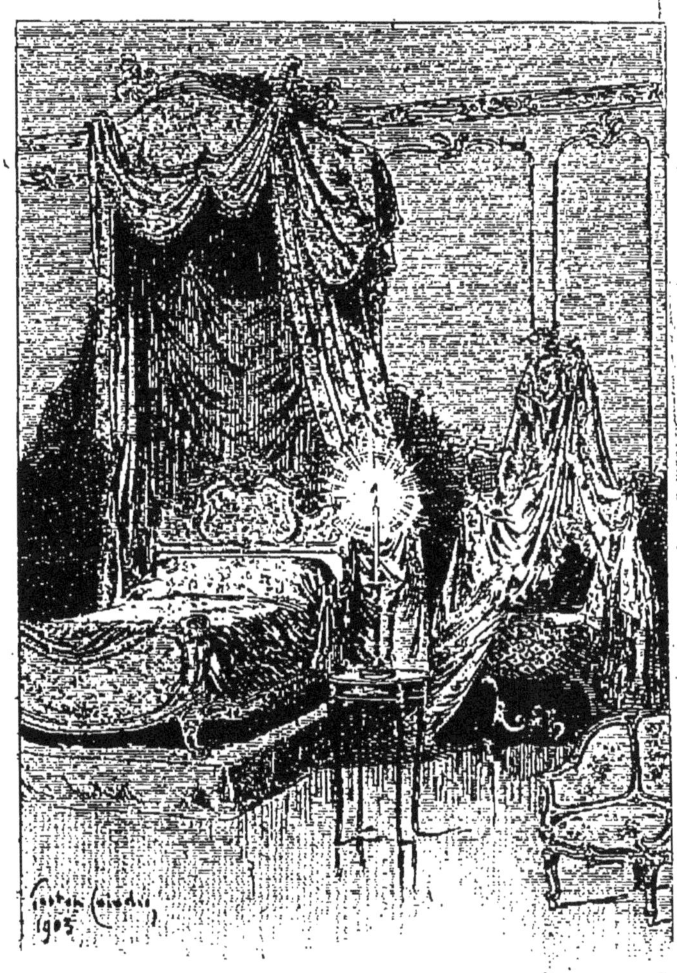

Noces et Veuvage.

raison d'État seule avait décidé à se remarier.

Le Dauphin et la Dauphine se trouvaient pour la première fois dans la chambre de l'ancienne Dauphine. La précipitation du mariage avait empêché les tapissiers de changer l'appartement. A la vue du berceau où naquit sa fille, et de la couche où sa première femme avait rendu le dernier soupir, le Dauphin fut pris d'une émotion subite; il crut voir revivre Marie-Thérèse ; tout ce qui l'entourait était un souvenir d'elle, et, impuissant à contenir son émotion, il détourna la tête et se prit à pleurer. D'un cœur trop délicat pour ne pas tout comprendre, la princesse lui dit ces simples mots : « Donnez, monsieur, un libre cours à vos larmes « et ne craignez pas que je m'en offense ; elles me « présagent au contraire ce que j'ai le droit « d'espérer moi-même, si je suis assez heureuse « pour mériter votre estime. »

Marie-Josèphe de Saxe vint à bout de conquérir ce cœur si noblement resté fidèle à un premier amour. Quand son mari fut attaqué de la petite vérole, elle s'enferma avec lui. « Qu'importe que je meure pourvu qu'il vive, disait-elle, et que la France le doive à ma tendresse et à mes soins ! » A ceux qui s'étonnaient ou s'effrayaient : « Ne prenez garde, répondait-elle, je ne suis plus Dauphine, je suis garde-malade. »

Elle se montrait vraiment d'une délicatesse touchante dans sa sollicitude. Pour que le Dauphin ne connût pas sa maladie, la Dauphine faisait imprimer un numéro spécial du *Mercure* qu'on mettait sous ses yeux et dans lequel on disait que ce prince avait une légère affection de la peau.

Le mari et la femme vivaient dans une union parfaite, dans une admirable communauté de pensées. Ils élevaient leurs enfants sous leurs yeux, ils surveillaient eux-mêmes leurs études; deux fois par semaine le Dauphin les faisait venir dans son cabinet de travail; il les interrogeait sur leurs progrès. La mère les examinait sur la littérature et l'histoire sainte, le père sur les mathématiques et les langues.

Le Dauphin.

La mort subite du Dauphin vint briser ce ménage modèle. Le rôle de Marie-Josèphe ne semblait pas cependant complètement fini; elle avait pris un réel ascendant sur Louis XV : le roi aimait à converser avec elle; il l'avait logée près de lui, et, entre la mort de Mme de Pompadour et l'arrivée de la Dubarry, entre la galanterie de l'âge mûr et la débauche de la vieillesse, on put prévoir un moment où le monarque s'arrêterait, changerait d'existence.

La Dauphine avait préparé un ministère qui aurait certainement modifié le cours des événements, retardé au moins le royaume sur le chemin de la Révolution; une crise soudaine l'emporta.

Ce couple royal, qui avait été si uni dans la vie, voulut être uni dans la mort; il ne jouit pas longtemps du repos suprême qu'il avait demandé à la cathédrale de Sens : à la Révolution, le monument funèbre fut violé; mais quelques courageux citoyens purent du moins sauver les cendres qu'il renfermait.

On lit dans le *Moniteur* du 5 juin 1793 : « Une députation de la commune de Sens annonce que les corps des *père et mère de Capet* ont été exhumés du temple où ils avaient été déposés et rappelés après leur mort à une égalité qu'ils n'avaient pu connaître pendant leur vie; elle présente les

A Sens.

plaques qui étaient sur les cercueils qui, converties en balles, serviront à détruire nos ennemis; elle remet seize croix de différents ordres et deux marcs quatre onces de galons d'or. — *Mention honorable.* Insertion au *Bulletin.* »

Les contemporains, qui avaient déjà soupçonné Choiseul de la mort du Dauphin, furent presque unanimes à déclarer que la Dauphine était morte empoisonnée. La joie indécente que le parti de Choiseul témoigna de cette catastrophe semble donner raison à cette opinion. Louis XVI eut toujours cette conviction et refusa plus tard, malgré les instances de Marie-Antoinette, d'avoir aucune relation avec Choiseul.

Il est difficile, malgré tout, de se prononcer sur cette question, qui reste une des énigmes de l'histoire. Il faut peut-être voir là simplement une de ces fatalités qui, à partir de la mort du duc de Bourgogne, semblent poursuivre la monarchie.

En tout cas, on salue avec respect la personnalité de cette Dauphine, charitable comme une châtelaine du moyen âge, se privant elle-même pour secourir les pauvres, et en même temps musicienne, lettrée, artiste comme une femme moderne, réunissant avec un goût admirable une collection d'objets d'art.

Pour ceux qui tiennent grand compte du principe

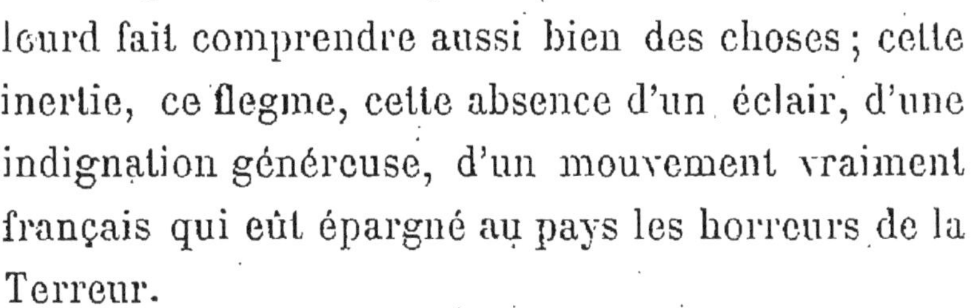

d'hérédité, la mère, si bonne, si honnête, explique Louis XVI, le parfait modèle des vertus domestiques : bon mari, bon géographe, bon serrurier. Ce sang allemand un peu lourd fait comprendre aussi bien des choses ; cette inertie, ce flegme, cette absence d'un éclair, d'une indignation généreuse, d'un mouvement vraiment français qui eût épargné au pays les horreurs de la Terreur.

Quoi qu'en aient prétendu les déclamateurs qui, sous prétexte de moralité, tuèrent Louis XVI pour choisir Barras, les peuples, en effet, ne tiennent guère compte de leurs vertus aux souverains qui sont faibles. On remplirait une bibliothèque avec ce qu'on a écrit sur Mme Dubarry, le Parc-aux-Cerfs, l'Œil-de-Bœuf; M. Germain Bapst est le premier qui se soit occupé un peu longuement de ce couple honnête placé si près du trône.

# LA COMÉDIE SATIRIQUE

## AU XVIIIe SIÈCLE

---

DANS l'assaut qui fut donné à la royauté et à l'ancien régime, ce fut le théâtre surtout qui servit de champ de bataille.

Sans tenir la place absorbante qu'il occupe aujourd'hui, le théâtre avait peut-être alors une influence plus considérable. Barbey d'Aurevilly a été moins paradoxal qu'il ne le semblerait quand il a dit : « Le spectacle a tué l'art du théâtre en France. »

La mise en scène actuelle détourne l'attention. Il faut ajouter aussi que ce public sans cesse renouvelé, composé en majorité d'étrangers, n'a plus la délicatesse, l'impressionnabilité du public d'alors, expert dans les moindres nuances, habile à saisir le plus léger trait prêtant à l'équivoque. Le petit clerc qui irait à la Comédie à notre époque paierait plus de quinze sous et n'oserait rien siffler, fût-ce *Attila*. L'allusion n'est plus qu'un souvenir littéraire; elle suppose, pour être comprise, une culture plus raffinée que la nôtre; c'est une fleur de salon et d'Académie qui peut être transplantée au théâtre, mais qui meurt à l'air de la rue.

Dès les premières heures de la Révolution, c'en est fait, d'ailleurs, des inoffensives railleries de jadis. Un souffle de violence emporte tout. Nos polémiques actuelles semblent des pastorales à côté de tout ce qui se publie alors; les pièces représentées ne sont guère moins hardies que les pamphlets en forme de pièces. Ce qui fut imprimé contre l'infortunée Marie-Antoinette dépasse toute imagination, et chaque fois qu'on se retrouve devant le spectacle de ce déchaînement, on éprouve un nouvel étonnement.

L'histoire a maintenant compulsé tous les documents publics et privés relatifs à Marie-Antoinette, consulté toutes les pièces, recueilli toutes les dépositions ; elle n'a absolument rien trouvé à lui reprocher qu'un peu de frivolité, un amour peut-être excessif de la toilette au commencement de son règne. La publication du journal de Mme Eloff par le comte de Reiset est venu démontrer que là encore les faits avaient été bien exagérés.

La malheureuse reine n'en est pas moins accusée des crimes les plus noirs, des débauches les plus honteuses, des débordements les plus inouïs. Sans parler d'accusations impossibles à reproduire, on lui prête pour amants : le comte d'Artois, le comte de Dillon, M. de Laval, Vaudreuil, le chevalier de Luxembourg, le vicomte de Noailles, le duc de Liancourt, le duc de Lauzun, le comte de Fersen, le duc de Dorset, le prince Georges de Hesse-Darmstadt, MM. de Tence, de Saint-Paer, le duc de Guise, lord Seymour, lord Strathavon, le cardinal de Rohan. On la dépeint tour à tour comme une Messaline et comme une tigresse.

Elle s'écrie, dans les *Imitateurs de Charles IX* ou les *Conspirateurs foudroyés :*

« Ah ! combien je hais ce pays. J'abhorre jusqu'au nom français ; ceux mêmes qui m'ont promis leur ministère me sont odieux. Avec quelle volupté je me baignerais dans leur sang! Je verrais d'un œil sec leurs restes palpitants. Et si l'horrible carnage que je médite n'assouvissait pas entièrement la fureur qui me consume, au moins étancherait-il l'ardente soif qui me dévore. »

Dans la même pièce, l'abbé de Vermont rapporte ainsi les confidences de Marie-Antoinette à son lever :

« J'ai lu cette nuit, ne pouvant me livrer au « sommeil. Les charmes que j'éprouvai à la lecture « que je fis furent si délicieux que j'en veux repaître « ma mémoire et mon cœur. Relisez-moi donc ces « précieux morceaux. » J'ouvre et je lis : *Massacre de la Saint-Barthélemy* et *Vêpres siciliennes*. A ces seuls titres son visage rayonne de joie, le contentement anime ses traits et l'ivresse du plaisir brille dans ses yeux. »

Dans la *Journée du 10 Août*, la nouvelle Médicis manifeste sa joie en pensant au sang qui va couler.

« Mes vœux sont enfin exaucés, l'heure de la vengeance a sonné.... Médicis, pour de moindres forfaits, immola des milliers de victimes ; et moi, je balancerais à tout faire égorger, lorsqu'on attente à la majesté royale, lorsqu'on veut me ravir le sceptre, la couronne! Périsse plutôt toute la nature que de voir échapper une seule victime à ma fureur! Je te l'avais promis, ô ma mère! que je la couvrirais d'un deuil éternel, cette terre ennemie. Quitte le noir séjour et viens goûter avec ta digne fille le doux plaisir de la vengeance. »

Dans les *Fantoccini français*, la pauvre MarieAntoinette, installée aux enfers, a supplanté d'emblée Médicis, et elle est devenue la Furie favorite de Proserpine !

Louis XVI parle à peu près le même langage que la reine : « Que la nature frémisse, s'écrie-t-il, aux coups que nous allons porter.... A l'exemple de Charles IX, que mon fer se plonge dans le sang du peuple.... Le carnage seul peut assouvir la vengeance des rois. »

En dehors du sentiment de pitié pour les illustres victimes, n'est-il pas curieux, au point de vue psychologique, de voir ce qu'on peut imaginer contre des souverains qui ont poussé la crainte de verser le sang français jusqu'à la plus insigne faiblesse, contre un roi qui ne s'est jamais défendu une seule fois ?

C'est une date dans l'histoire morale du pays, dans sa façon de concevoir les choses ; elle indique la rupture définitive avec le sens de la réalité. Désormais, ce peuple qui eut jadis un si ferme, un si solide bon sens, ne verra plus que d'une certaine manière; il ne vivra plus que dans les légendes, légendes monstrueuses ou faussement héroïques. Il jugera tout, non plus avec le critérium de la raison, d'après le témoignage des faits, mais d'après l'idée théâtrale et romanesque qu'on sera parvenu à mettre en circulation.

L'obsession exercée par ces calomnies incessament répétées explique la facilité avec laquelle Paris laissa tout faire. Dans un temps où l'*imprimé* avait un prestige qu'il n'a plus, du moins au même degré, aujourd'hui, beaucoup croyaient aux desseins sanguinaires de la Cour, redoutaient positivement d'être assassinés.

Jamais entreprise ne fut plus admirablement montée, machinée, conduite, que la Révolution à ses débuts. Il fallut véritablement du génie chez les meneurs pour faire passer la capitale, en moins de deux ans, d'un sentiment d'affection sincère pour le roi à un sentiment de crainte et d'horreur. Faire pénétrer, graver profondément dans la tête de gens qui étaient témoins de la vie de Louis XVI, la conviction que ce pauvre homme était un tyran altéré de carnage semble une sorte d'opération magique, un défi au bon sens gagné par la haine.

Cette transformation, très curieuse encore une fois, est toute de nerfs ; elle a la terrible rapidité de ces scènes où la femme, être d'impression et non de réflexion, commence par appeler celui qu'elle aime : « Mon adoré » et peu à peu se monte, s'exalte et déclare qu'il est un assassin et un criminel....

Ce qu'il est intéressant de noter, comme enseignement philosophique, c'est la susceptibilité dont firent preuve pour eux-mêmes, une fois qu'ils furent au pouvoir, les hommes qui avaient employé de si abominables moyens pour déshonorer la royauté.

C'est l'éternelle comédie que nous donnent les Jacobins. Ce qu'avaient supporté les héritiers de vingt rois parut aux triomphants de l'insurrection un crime de lèse-majesté. La mort seule leur sembla capable de châtier de pareils forfaits. La Révolution nous a débarrassés du censeur qui discute et demande timidement quelques modifications ; place au bourreau, qui remplace les ciseaux par la hache ! Ce n'est plus au Fort-l'Evêque qu'on envoie les comédiens dont on a à se plaindre ; c'est dans des prisons plus sérieuses dont on ne sort que pour monter sur la charrette.

Les comédiens du Théâtre-Français eurent la

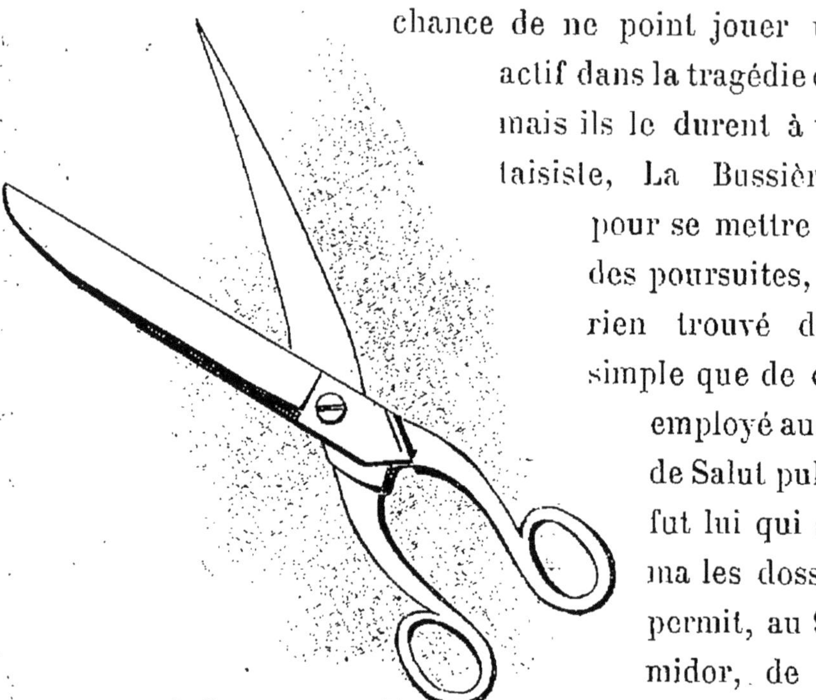
La Censure.

chance de ne point jouer un rôle actif dans la tragédie d'alors; mais ils le durent à un fantaisiste, La Bussière, qui pour se mettre à l'abri des poursuites, n'avait rien trouvé de plus simple que de devenir employé au Comité de Salut public. Ce fut lui qui supprima les dossiers et permit, au 9 Thermidor, de sauver les têtes menacées.

Ce n'est pas seulement l'*Ami des lois*, qu'on déclare séditieux alors, c'est une œuvre de Voltaire, c'est *Mérope*....

Le 31 mars 1793, Gémissaux sortit exaspéré d'une représentation de *Mérope* et immédiatement provoqua un décret pour interdire la tragédie criminelle. Voici les termes de sa proposition :

« Dernièrement, je me trouvais au théâtre de Montansier. On y jouait *Mérope*, tragédie très connue de Voltaire. Tous les patriotes qui s'y trouvaient furent indignés de voir que, dans les circonstances où nous nous trouvons, on jouât une pièce dans laquelle une reine en deuil pleure son mari et désire ardemment le retour de deux frères absents... Je demande que, par un décret, l'Assemblée défende cette représentation.»

L'ancien régime avait autorisé le *Mariage de Figaro*, où il était assez maltraité ; le gouvernement de la liberté proscrivit *Timoléon* d'un pur entre les purs, de Marie-Joseph Chénier.

Que contenait donc de si épouvantable ce *Timoléon*? Quelques vers assez bien frappés, qui parurent contre-révolutionnaires :

> La tyrannie, altière et de meurtres avide,
> D'un masque révéré couvrant son front livide,
> Usurpant sans pudeur le nom de liberté,
> Roule au sein de Corinthe un char ensanglanté...
> Il est temps d'abjurer ces coupables maximes :
> Il faut des lois, des mœurs et non pas des victimes.

Jadis on brûlait les livres dangereux dans la cour de la Sainte-Chapelle ; l'auteur dut brûler lui-même son œuvre devant Robespierre et Barrère.

C'est ce qu'on appelait le Progrès.

Le Directoire continue ce système de tolérance. Un petit acte, les *Trois Frères rivaux*, suffit à faire fermer le théâtre Louvois et à jeter directeur et acteurs sur le pavé.

Les auteurs de l'*Histoire du Théâtre-Français* nous révèlent la cause de cette mesure violente.

« Le rôle du valet Merlin, écrivent-ils, était joué par Larochelle. *Monsieur Merlin*, lui dit un interlocuteur, *vous êtes un coquin*. Les applaudissements éclatent de tous les points de la salle. Les acteurs sont interdits, ne savent à quoi attribuer cet enthousiasme,

et sont bien loin d'imaginer que « *Merlin, vous êtes un coquin* » est une application que l'on fait au ministre de la justice.

« *Monsieur Merlin*, continue l'acteur, *vous finirez par être pendu*. Pour le coup, les voûtes de la salle sont ébranlées, et les bravos, les éclats de rire, les trépignements de pieds durent plus d'un quart d'heure, et il n'est pas un spectateur qui ne confirme l'arrêt involontaire prononcé par l'auteur. »

C'était un homme terrible que ce ministre qui avait la fureur de se moucher dès qu'on prononçait le nom d'un imbécile ou d'un voleur. Les théâtres, pris de panique, en arrivèrent à ne plus oser jouer une pièce dans laquelle figurait un personnage dont le nom finissait en *in*, dans la crainte que Merlin n'entendît *coquin*. Les *Femmes savantes* furent supprimées de l'affiche !

« Depuis près d'un an, écrit La Reynière, à la date du 30 germinal an VI (19 avril 1798), les comédiens français n'ont pas osé jouer les *Femmes savantes*, parce que le nom d'un ministre avait la même terminaison que celui d'un personnage ridicule de cette comédie. Maintenant que ce ministre n'est plus en place, nous ignorons s'ils auront le courage de le remettre ; mais il n'était pas indifférent de citer ce trait pour prouver de quelle espèce de liberté jouissent maintenant nos grands théâtres. »

Les *Femmes savantes* mises en interdit après qu'on a égorgé tant de milliers de créatures humaines pour affranchir l'humanité du joug des tyrans ! N'est-ce pas complet ? Baissons le rideau là-dessus...

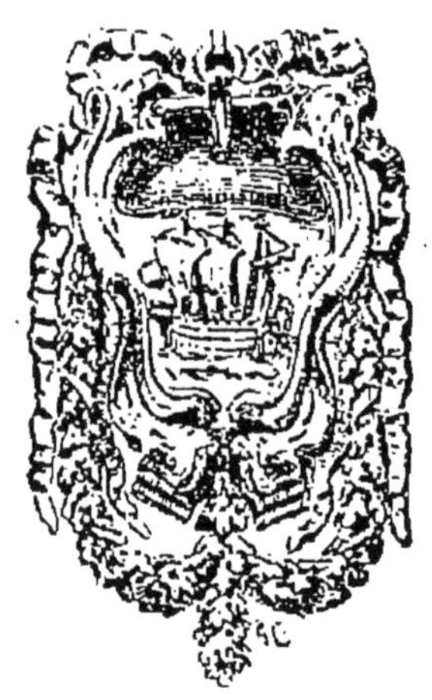

TABLES

# TABLE DES CHAPITRES

# TABLE DES ILLUSTRATIONS

## DOCUMENTAIRES

FIN DE LA TABLE DES ILLUSTRATIONS

49.579. — PARIS, IMPRIMERIE LAHURE, 9, RUE DE FLEURUS.

49579. — Imprimerie LAHURE, rue de Fleurus, 9, à Paris.

www.ingramcontent.com/pod-product-compliance
Ingram Content Group UK Ltd.
Pitfield, Milton Keynes, MK11 3LW, UK
UKHW020101200726
13856UKWH00002B/324